LÉON DENIS

SYNTHÈSE
spiritualiste doctrinale et pratique

sous forme de questionnaire

SUIVIE D'UNE SÉRIE DE PRIÈRES OU ÉVOCATIONS ET D'ALLOCUTIONS A L'USAGE DES GROUPES SPIRITES

PARIS
LIBRAIRIE DES SCIENCES PSYCHIQUES
42, rue Saint-Jacques, 42

LIBRAIRIE DES SCIENCES PSYCHIQUES

42, RUE SAINT-JACQUES — PARIS

EXTRAIT DU CATALOGUE

LÉON DENIS. — *Christianisme et Spiritisme.* Preuves expérimentales de la survivance, un vol. in-12 de 432 pages, 12e mille 3 50

— *Après la mort.* Exposé de la doctrine des Esprits, un vol. in-12, de 440 pages (40e mille). 3 50

— *Dans l'Invisible (Spiritisme et Médiumnité)*, un vol. in-12, de 516 pages, 12e mille 3 50

— *Le Problème de l'Être et de la Destinée*, in-12, de 512 pages, 13e mille. 3 50

— *Jeanne d'Arc médium.* Ses voix, ses visions, ses prémonitions. Un vol. in-12, de 450 pages, 6e mille 3 50

— *La Grande Enigme* (Dieu et l'Univers), suivi de Lectures variées, in-12, 7e mille. 3 50

— *Le Monde invisible et la guerre*, un vol. in-12, de 300 pages, 4e mille . . . . 3 »

— *L'Au-delà et la survivance de l'Etre.* Nouvelles preuves expérimentales. Brochure in-18 de 85 pages, 25e mille. 0 50

— *Pourquoi la Vie?* In-18, de 48 pages, 95e mille. . 0 15

— *Le Spiritisme et ses contradicteurs.* Brochure in-18, de 48 pages 0 30

GABRIEL DELANNE. — *Le Spiritisme devant la Science*, 1 vol. 3 50

— *Le Phénomène spirite*, 1 vol. . . . . 2 »

— *L'Évolution animique*, 1 vol. 3 50

— *L'Ame est immortelle*, 1 vol. 3 50

— *Recherches sur la Médiumnité*, 1 vol. 3 50

— *Les Apparitions matérialisées des vivants et des morts*, 2 vol. in-8 (chaque volume). . . . . 10 »

Colonel de ROCHAS. — *Extériorisation de la Sensibilité*, 1 vol. 7 »

— *Extériorisation de la Motricité*, 1 vol. . . . . . . 8 »

— *Les Vies successives*, 1 vol. in-8 . . . . 6 »

W. CROOKES — *Recherches sur le Spiritualisme*, 1 vol. 3 50

AKSAKOF. — *Animisme et Spiritisme*, 1 vol. . . . . 20 »

RUSSEL WALLACE. — *Les Miracles et le Moderne Spiritualisme*, 1 vol. . . . . 5 »

Dr PAUL GIBIER. — *Spiritisme ou fakirisme occidental*, 1 vol. 3 50

CLAIRE GALICHON. — *Souvenirs et problèmes spirites* . 5 »

LOUIS DE VALBOIS. — *Pour franchir les portes*, 1 vol. 3 50

ALFRED BENEZECH. — *Les Phénomènes psychiques et la question de l'au-delà. Souffrir, revivre.* 3 50

Tours, imprimerie E. ARRAULT et Cie.

LÉON DENIS

SYNTHÈSE
spiritualiste
doctrinale et pratique

sous forme de questionnaire

SUIVIE D'UNE SÉRIE DE PRIÈRES OU ÉVOCATIONS ET D'ALLOCUTIONS
A L'USAGE DES GROUPES SPIRITES

PARIS
LIBRAIRIE DES SCIENCES PSYCHIQUES
42, rue Saint-Jacques, 42

INTRODUCTION

Cette synthèse, ou plutôt ce catéchisme spiritualiste, n'a qu'un mérite : celui d'être conçu et disposé selon l'ordre naturel des idées. L'esprit humain, en effet, doit soumettre à des règles sa marche progressive et ses procédés logiques. Il est dans sa nature de ne s'élever vers une vérité seconde que lorsqu'il s'est assimilé la première, et de parcourir ainsi toute la chaîne des principes, sans en omettre un seul anneau.

De la sorte, les vérités premières n'ont pas besoin, pour être comprises, de celles qui les suivent. C'est l'erreur commise par la plupart des hommes supérieurs, auteurs de livres élémentaires, de leur appliquer la méthode scientifique qui préside à leurs conceptions et à leurs études personnelles. D'après eux, comme les vérités les plus complexes embrassent toutes les autres, c'est par celles-là qu'il faut commencer. Ce procédé est évidemment scientifique, puisque la science consiste à partir d'une vérité composée pour arriver à une vérité plus simple et plus élémentaire. Toutefois, ce n'est point là le procédé naturel ni la marche instinctive de la raison.

C'est pour cela que, destinant ce modeste ouvrage à des adolescents ou à des adultes non encore initiés au spiritualisme doctrinal et expérimental, nous avons préféré commencer par ce problème objectif que l'étudiant touche pour ainsi dire du doigt : Qu'est-ce que l'homme ?

Les autres catéchismes, faits par des théologiens ou des philosophes, commencent ordinairement par cette question : Qu'est-ce que Dieu ? C'est plus solennel, mais beaucoup moins pratique.

Il est infiniment plus logique de débuter par les vérités élémentaires, celles qui se trouvent au niveau des plus humbles intelligences, pour s'élever graduellement jusqu'à la notion de Dieu et aux vérités supérieures, qui sont comme un reflet de la Puissance suprême. Ainsi l'ascensionniste commence sa course au pied de la montagne, en interrogeant les fleurs et les mousses qui tapissent les premières pentes, puis, au fur et à mesure qu'il monte, voit le ciel se rapprocher, l'horizon s'élargir, et finit par atteindre les cimes que recouvre la neige en sa blancheur immaculée. Ainsi ceux qui liront ce livre, dont les débuts sont simples, à mesure qu'ils en tourneront les pages accéderont, eux aussi, à des régions plus hautes et finiront par atteindre les transcendants sommets de la métaphysique éternelle.

Nous avons voulu composer ce travail selon la vieille méthode dialoguée, par demandes et réponses. C'est la forme la plus populaire et la mieux appropriée à l'esprit des enfants, bien que ce livre, avons-nous dit, soit fait aussi pour les personnes de tous âges, car l'homme reste toujours enfant, c'est-à-dire ignorant vis-à-vis des augustes problèmes.

Les catéchismes ont un avantage : ils permettent d'unir la simplicité de la forme à la majesté des doctrines. Ils sont à la fois l'humble ruisseau où vient boire la colombe, et le lac profond où l'aigle des grandes altitudes se désaltère et vient mirer dans les eaux un regard qui fixe le soleil sans sourciller.

A notre avis, un tel livre manquait. La doctrine éparse dans les groupes, diffuse dans les révélations médianimiques de tous degrés et de toute nature, avait besoin d'être en quelque sorte rassemblée, récapitulée avec simplicité, brièveté, clarté. L'Esprit souffle où il veut, quand il veut, selon les courants divins de l'inspiration : c'est la loi de toutes les révé-

lations supérieures faites aux hommes. Il appartient à ceux-ci de réunir, de condenser ces vérités fragmentaires, ces rayons dispersés, et d'en refaire la synthèse lumineuse, l'enchaînement harmonieux. C'est ce que nous avons tenté de réaliser.

Daignent les Esprits aînés et bienfaisants qui ont inspiré ce travail, illuminer l'intelligence de ceux qui le liront ! Puisse Dieu en retirer quelque gloire, et les âmes droites, chercheuses de vérité, y trouver un peu de ces lumières qui éclairent le grand mystère de la destinée et nous rendent plus aptes à accomplir celle-ci en nous faisant plus résignés et meilleurs.

SYNTHÈSE DOCTRINALE ET PRATIQUE
DU SPIRITUALISME

I. — De l'Homme.

1. *Que sommes-nous, vous, moi et nos semblables ?*

R. — Nous sommes des êtres humains.

2. *Qu'est-ce qu'un être humain ?*

R. — Un être composé d'une âme et d'un corps, c'est-à-dire d'esprit et de chair.

3. *Qu'est-ce donc que l'âme ?*

R. — C'est le principe de vie en nous. L'âme de l'homme : c'est un esprit incarné; c'est le principe de l'intelligence, de la volonté, de l'amour, le foyer de la conscience et de la personnalité.

4. *Qu'est-ce que le corps ?*

R. — Le corps est une enveloppe de chair, composée d'éléments matériels, sujets au changement, à la dissolution, à la mort.

5. *Le corps est donc inférieur à l'âme ?*

R. — Oui, puisqu'il n'est que son vêtement.

6. *Il faut donc mépriser le corps, puisqu'il est inférieur à l'âme ?*

R. — Nullement : rien n'est méprisable. Le corps est l'instrument dont l'âme a besoin pour édifier sa destinée ; l'ouvrier ne doit pas mépriser l'instrument avec lequel il gagne et fait sa vie.

7. *Comment l'âme est-elle unie au corps, l'esprit à la chair ?*

R. — Par le moyen d'un élément intermédiaire nommé corps fluidique ou *périsprit*, qui tient à la fois de l'âme et du corps, de l'esprit et de la chair, et les soude en quelque sorte l'un à l'autre.

8. *Que veut dire le mot : périsprit ?*

R. — Ce mot veut dire : qui est autour de l'Esprit. De même que le fruit est entouré d'une enveloppe très mince appelée périsperme, l'Esprit est enveloppé d'un corps très subtil nommé *périsprit*.

9. *Comment le périsprit peut-il unir la chair à l'Esprit ?*

R. — En les pénétrant et en leur permettant de se pénétrer l'un l'autre. Le périsprit communique avec l'âme par des courants magnétiques, et avec le corps par le moyen du fluide vital et du système nerveux qui lui sert en quelque sorte de transmetteur.

10. *L'homme est donc en réalité composé de trois éléments constitutifs ?*

R. — Oui, ces trois éléments sont : le corps, l'esprit, le périsprit.

11. *Quand et où commence cette union de l'âme et du corps ?*

R. — Au moment de la conception, et elle devient définitive et complète au moment de la naissance.

12. *L'âme est-elle renfermée dans le corps, ou bien est-ce le corps qui est contenu dans l'âme ?*

R. — Ni l'un ni l'autre. L'âme, qui est esprit, ne peut être renfermée dans un corps ; elle rayonne au dehors, comme la lumière à travers le cristal de la lampe. Aucun corps ne peut la retenir matériellement captive ; elle peut s'extérioriser.

13. *Cependant, n'y a-t-il pas un point précis du corps où l'âme semble plus particulièrement attachée ?*

R. — Quelques savants l'ont cru, parce qu'ils ont confondu l'âme avec le fluide vital. L'âme est *indivisible*, elle est donc tout entière partout dans notre corps ; mais son action se fait plus particulièrement sentir au cerveau quand on pense, au cœur quand on souffre et qu'on aime.

14. *L'âme se sépare-t-elle du périsprit quand elle se sépare du corps ?*

R. — Jamais. Le périsprit est son vêtement fluidique indispensable. Le périsprit précède la vie présente et survit à la mort. C'est lui qui permet aux Esprits désincarnés de se matérialiser, c'est-à-dire d'apparaître aux vivants, de leur parler, comme cela arrive parfois dans les réunions spirites.

15. *Le périsprit est donc un corps fluidique semblable à notre corps matériel ?*

R. — Oui : c'est un organisme fluidique complet ; c'est le vrai corps, la véritable forme humaine, celle qui ne change pas dans son essence. Notre corps matériel se renouvelle à chaque instant ; ses atomes se succèdent et se reforment : notre visage se transforme avec l'âge ; le corps fluidique, lui, ne se modifie pas matériellement ; il est notre vraie physionomie spirituelle, le principe permanent de notre identité et de notre stabilité personnelle.

16. *Où était l'âme avant de s'incarner dans un corps ?*

R. — Dans l'espace ; l'espace est le lieu des Esprits, comme le monde terrestre est le lieu des corps.

17. *Où donc le périsprit a-t-il pris son fluide ?*

R. — Dans le fluide universel, c'est-à-dire dans la force primordiale, éthérée : chaque monde a son fluide spécial, emprunté au fluide universel ; chaque esprit a son fluide personnel, en harmonie avec celui du monde qu'il habite et son propre état d'avancement.

18. *Qu'est-ce que l'espace ?*

R. — C'est l'immensité, c'est-à-dire l'infini où se meuvent les mondes, la sphère sans limites que notre pensée limitée ne peut ni concevoir ni définir.

II. — De la Réincarnation.

19. *Pourquoi l'Esprit qui est dans l'espace s'incarne-t-il dans un corps ?*

R. — Parce que c'est la loi de sa nature, la condition nécessaire de ses progrès et de sa destinée. La vie matérielle, avec ses difficultés, nécessite l'effort, et l'effort développe nos puissances latentes et nos facultés en germe.

20. *L'Esprit ne s'incarne-t-il qu'une seule fois ?*

R. — Non, il s'incarne autant de fois que cela est nécessaire pour atteindre la plénitude de son être et de sa félicité.

21. *Mais, pour atteindre ce but, la pluralité des existences est donc nécessaire ?*

R. — Oui, car la vie de l'Esprit est une éducation progressive qui suppose une longue série de travaux à réaliser et d'étapes à parcourir.

22. *Une seule existence humaine, quand elle*

est très bonne et très longue, ne pourrait-elle suffire à la destinée d'un Esprit?

R. — Non. L'Esprit ne peut progresser, réparer qu'en renouvelant plusieurs fois ses existences dans des conditions différentes, à des époques variées, dans des milieux divers. Chacune de ses réincarnations lui permet d'affiner sa sensibilité, de perfectionner ses facultés intellectuelles et morales.

23. *Vous avez dit que l'Esprit se réincarne pour réparer : est-ce donc qu'il a fait le mal dans ses vies précédentes?*

R. — Oui; l'Esprit a fait le mal par cela même qu'il n'a pas fait tout le bien qu'il devait accomplir. Il y a là une lacune qu'il est nécessaire de combler.

24. *Qu'est-ce que le mal?*

R. — C'est l'absence du bien, comme le faux est la négation du vrai, la nuit, l'absence de lumière. Le mal n'a pas d'existence positive; il est négatif de sa nature. Faire le bien, c'est augmenter l'Être en nous; l'omettre, c'est le diminuer.

25 *Comment les réincarnations nous permettent-elles de réparer les existences manquées?*

R. — De même que l'ouvrier qui a mal fait sa tâche la recommence, ainsi l'Esprit qui a manqué sa vie la refait.

26. *Avons-nous des preuves de la réincarnation des Esprits?*

R. — Oui, d'abord celles que les Esprits eux-mêmes nous apportent dans leurs révélations; ensuite, les aptitudes innées de chaque individu, qui déterminent sa vocation et lui tracent ici-bas les grandes lignes de sa vie. De là les différences matérielles, intellectuelles et morales qui distinguent entre eux les hommes sur la terre et expliquent les inégalités sociales.

27. *La doctrine de la réincarnation est-elle une découverte récente de l'esprit humain?*

R. — Nullement : l'humanité y a toujours cru; toute l'antiquité l'a professée ; les grands Initiés l'ont enseignée au monde, et Jésus lui-même y fait allusion dans son Évangile.

28. *Puisque nous avons vécu plusieurs fois, comment se fait-il que nous ne gardions aucun souvenir de nos vies passées?*

R. — Dieu ne le permet pas, parce que notre liberté serait diminuée par l'influence du souvenir de notre passé. « Celui qui met la main à la charrue, s'il veut bien tracer son sillon, ne doit pas regarder en arrière. »

29. *Par quel phénomène l'oubli de nos vies antérieures se produit-il ainsi en nous?*

R. — Au moment où l'Esprit se réincarne, c'est-à-dire rentre dans un corps, à mesure qu'il y pénètre, ses facultés se voilent l'une après l'autre; la mémoire s'efface et la conscience s'endort.

Au moment de la mort, c'est le phénomène contraire qui se produit. Au fur et à mesure que l'Esprit se désincarne, les facultés se dégagent l'une après l'autre, la mémoire se dévoile, la conscience se réveille. Toutes les vies, antérieures viennent peu à peu se rattacher à celle que l'Esprit vient de quitter.

30. *N'existe-t-il aucun moyen de provoquer momentanément le souvenir des anciennes vies?*

R. — Si, par l'hypnose ou sommeil artificiel à divers degrés. Des savants contemporains ont fait et font encore tous les jours des expériences concluantes qui prouvent la réalité des existences antérieures.

31. *Comment se font ces expériences?*

R. — Lorsqu'un expérimentateur consciencieux et instruit a rencontré un sujet apte à subir son influence magnétique, il l'endort. Grâce à ce sommeil, la vie présente est momentanément suspendue : alors, le souvenir des vies antérieures, endormi dans les profondeurs de la conscience, se réveille, et le sujet hypnotisé revoit et raconte tout son passé. On a écrit des livres entiers sur ces révélations précieuses qui nous font connaître les lois de la destinée.

32. *Est-il nécessaire que la vie présente soit suspendue, endormie, pour que les vies antérieures se révèlent?*

R. — Oui, comme il est nécessaire que le soleil se couche pour que les étoiles, cachées dans les profondeurs de la nuit, apparaissent à nos yeux.

III. — Le lieu de la réincarnation.

33. *Où l'Esprit se réincarne-t-il?*

R. — Partout dans l'univers. Tous les mondes sont destinés à recevoir la vie sous ses formes variées et à tous ses degrés.

34. *Pourquoi sommes-nous réincarnés sur la terre?*

R. — Parce que la terre, étant un monde régi par la loi du travail et de la souffrance, est un lieu propice à l'avancement et au progrès de l'Esprit à l'état inférieur.

35. *Qu'est-ce que la terre?*

R. — C'est un des mondes innombrables qui peuplent l'espace; l'un des plus petits par le volume, puisqu'il n'a que 10.000 lieues de circonférence, mais grand quand même par les destinées qui s'y accomplissent.

36. *La terre est-elle immobile dans l'espace?*

R. — On l'a cru longtemps, mais le savant et infortuné Galilée a prouvé qu'elle tourne autour du soleil. Le soleil est 1.400.000 fois plus gros que la terre et il en est séparé par 37 millions de lieues.

37. *Comment la terre accomplit-elle sa révolution autour du soleil?*

R. — En une période de 365 jours et 6 heures, ce qui constitue l'année; avec une vitesse de 7 lieues par seconde, environ 660 000 lieues par jour. En même temps qu'elle se meut autour du soleil, la terre tourne sur elle-même en 24 heures, ce qui fait un jour, et avec une vitesse de 6 lieues à la minute.

38. *Comment la terre et les autres globes se maintiennent-ils ainsi dans l'espace, c'est-à-dire dans le vide, sans sortir de l'orbite qu'ils parcourent?*

R. — Par une force irrésistible qu'on appelle la force d'attraction. Le soleil attire la terre et les autres planètes : Mercure, Vénus, Mars, Jupiter, Saturne, Uranus, Neptune, etc., comme l'aimant attire le fer. Tous les globes s'attirent aussi les uns les autres et se maintiennent dans l'espace en raison de leur volume et de la distance qui les sépare. Les plus gros attirent les plus petits. Chaque étoile est un soleil; les soleils, à leur tour, sont attirés par d'autres plus puissants, et entraînés ainsi avec leurs planètes et leurs satellites, dans l'immensité sans limites. C'est le mouvement perpétuel dans l'éternelle harmonie qui constitue l'équilibre universel.

39. *Ces millions de globes, qui gravitent ainsi dans l'immensité, sont-ils habités?*

R. — Les uns le sont; les autres l'ont été ou le seront un jour : c'est ce qu'on appelle la vie universelle.

40. *Ces mondes sont-ils habités par des êtres supérieurs, égaux ou inférieurs aux hommes?*

R. — La science actuelle ne peut encore répondre à cette question; mais, d'après les révélations des Esprits, nous savons que les planètes voisines de la Terre sont habitées : Mars, par exemple, par des êtres un peu supérieurs à nous; Vénus, au contraire, par des êtres inférieurs. Le Soleil est le séjour d'Esprits sublimes, qui ont atteint les plus hauts sommets de l'évolution et, du haut de cet astre, comme d'un trône de lumière, font rayonner leur pensée et leur action sur les autres mondes au moyen des transmissions fluidiques et magnétiques.

41. *Cependant, certains savants prétendent que la Terre est le seul globe qui réunisse les conditions physiques nécessaires à la vie, et, par conséquent, le seul habité?*

R. — Tous les globes qui roulent dans l'espace ont leur structure particulière et leurs conditions physiques différentes les unes des autres. La vie sur chacun de ces mondes s'adapte à ces conditions. En calculant les distances des planètes entre elles, leur masse et leur force d'attraction, on a démontré que leurs conditions physiques varient suivant leur position dans le système solaire, et d'après leur inclinaison sur leurs axes respectifs. On a pu calculer ainsi que *Saturne*, par exemple, a la même densité que le bois d'érable; que *Jupiter* a presque celle de l'eau; que dans *Mars* la pesanteur des corps est moindre de moitié que sur la Terre, etc. Conclusion : les lois physiques varient sur chacun de ces globes, et les lois de la vie y sont en rapport avec celles de leur nature intime.

42. *Pourrait-on classer ces différentes planètes, et distinguer les mondes d'après le degré de vie qui s'y manifeste, et selon la valeur des êtres qui les habitent?*

R. — Oui, les Esprits nous ont révélé qu'il y a *cinq classes* parmi les mondes habités ou habitables qui flottent dans l'espace : ce sont 1° les mondes *rudimentaires ou primitifs;* 2° les mondes *expiatoires;* 3° les mondes *régénérateurs;* 4° les mondes *heureux;* 5° les mondes *célestes ou divins.*

43. *Qu'entend-on par mondes rudimentaires ou primitifs?*

R. — Les séjours des âmes nouvelles. La vie y est simplement initiale. Ce sont ces mondes inférieurs que les anciennes religions nomment : *Inferi*, les Enfers.

44 *Que sont les mondes expiatoires?*

R. — Ceux où le bien et le mal sont en lutte

perpétuelle, où la vérité et l'erreur sont sans cesse en conflit, mais où, en réalité, la somme du mal l'emporte sur celle du bien, en attendant que celui-ci ait le dernier mot de la lutte.

45. *Qu'entendez-vous par mondes régénérateurs?*

R. — Ce sont des mondes de régénération par la vérité et la justice ; ainsi sera la Terre lorsque les hommes y seront plus éclairés, plus justes et meilleurs.

46. *Qui habite les mondes heureux?*

R. — Des Esprits qui ont déjà réalisé une grande partie de leur évolution, et qui vivent entre eux dans l'harmonie de la fraternité et de l'amour.

47. *Qu'est-ce enfin que les mondes célestes ou divins?*

R. — C'est le séjour des Esprits les plus élevés et les plus purs. De là partent les missionnaires spirituels que Dieu envoie porter ses messages et ses volontés dans tout l'univers. Ces mondes sublimes représentent les paradis ou élysées dont parlent les religions et que célèbrent tous les poètes de l'humanité.

48. *A quelle classe de ces mondes notre Terre appartient-elle?*

R. — Aux mondes expiatoires.

49. *Qui le prouve?*

R. — Les lois physiques qui la régissent et les conditions de vie des êtres qui l'habitent.

50. *Comment cela ?*

R. — La Terre est inclinée profondément sur son axe ; par là, elle est sujette à des variations perpétuelles qui amènent de brusques changements de température. La différence des saisons et des climats et les perturbations atmosphériques font de la vie humaine un combat perpétuel contre la nature, la maladie et la mort. Tout cela indique que la Terre est par excellence la planète de l'expiation, du travail et de la douleur.

51. *Mais les autres globes ne sont-ils pas dans les mêmes conditions physiques. et leur place n'est-elle pas la même dans le monde sidéral ?*

R. — Nullement ; aucun de ces globes n'a le même poids ni le même volume et n'est placé à la même distance du soleil qui l'échauffe et l'éclaire. Aucun n'a non plus la même inclinaison sur son axe : *Jupiter*, par exemple, est d'une fixité et d'un équilibre inaltérables ; il règne à sa surface une température toujours égale.

52. *Peut-on dire que sur la Terre, comme dans tout le monde expiatoire, la somme du mal l'emporte sur le bien ?*

R. — Il n'y a pas à en douter. La plus simple expérience de la vie suffit pour le constater. L'histoire nous montre combien il a fallu de siècles pour permettre à l'humanité d'atteindre le degré de civilisation relative où elle est parvenue. Malgré cela, on ne peut nier que l'erreur y obscurcisse encore bien des intelligences : le vice y opprime la vertu ; la force y prime le droit ; l'égoïsme y étouffe l'amour. Prendre part à cette lutte, vivre dans cette société troublée, en être souvent la victime et le martyr : c'est en cela que consistent le mérite et le progrès pour les Esprits incarnés sur la Terre.

53. *Que faire alors et comment utiliser notre vie ici-bas pour être un jour plus heureux ?*

R. — Faire le bien et profiter de notre séjour sur la Terre pour progresser en faisant progresser les autres, de telle sorte que nous ne soyons plus obligés d'y revenir, sinon en missionnaire, en guide de l'humanité.

IV. — Origine de la vie sur la Terre.

54. *La Terre fut-elle toujours la demeure des Esprits incarnés, c'est-à-dire des hommes ?*

R. — Non. La Terre fut d'abord une masse de feu, flottant dans l'espace. Après s'être refroidie, elle devint habitable ; la vie y apparut par degrés. Les trois règnes de la nature, les minéraux, les végétaux, les animaux, s'y manifestèrent à de très longues périodes de distance, à des intervalles de plusieurs centaines de siècles; puis l'Esprit descendit dans la chair, et l'homme parut, résumant en son être toutes les vies graduelles de la création, réunissant dans sa personne, par une union admirable, l'âme, étincelle divine, avec le corps qui vient de l'animal.

55. *Peut-on croire que l'homme a eu l'animal pour ancêtre?*

R. — Notre orgueil répugne à croire cela. L'origine de l'homme reste encore mystérieuse; il n'est peut-être pas bon que ce mystère soit éclairci. En tout cas, il n'est pas défendu de penser que notre esprit, avant d'arriver au degré d'évolution de la période humaine, ne se soit en quelque sorte essayé à la vie dans les régions inférieures de la création. Ceci est conforme aux lois de progression de la nature. D'autre part, il est certain qu'en voyant l'état rudimentaire de certaines races sauvages, et même tel retour de bestialité chez l'homme civilisé, on serait en droit de croire que l'animal a été la préface vivante du genre humain.

56. *L'homme constitue-t-il un règne à part dans la création?*

R. — Absolument. Si, par son corps, l'homme garde une sorte de parenté avec l'animal, par la liaison à sa chair d'un esprit conscient, l'homme constitue un règne personnel sur la Terre. Il est le résumé vivant des règnes qui l'ont précédé ; seul, dans la nature, il est capable de connaître Dieu, d'avoir la notion de l'infini et l'intuition de l'immortalité, preuve de son aptitude à la survie.

57. *L'espèce humaine a-t-elle commencé sur la Terre par un seul couple, comme le disent les religions et la mythologie ?*

R. — Non. Les races humaines sont nées sur plusieurs points du globe terrestre, simultanément ou successivement ; de là leur diversité.

58. *Adam ne fut donc pas l'unique ancêtre du genre humain ?*

R. — Adam est le nom d'un homme qui survécut aux cataclysmes qui bouleversèrent la jeunesse du monde ; il devint la souche d'une des races qui le peuplent aujourd'hui. La Bible a conservé son histoire et celle de ses descendants ; mais Adam n'est qu'un fragment des primitives humanités ; peut-être même un mythe, c'est-à-dire une allégorie qui symbolise les premiers âges de l'histoire.

59. *Est-il certain qu'il y ait plusieurs races d'hommes ? Les différences qui les séparent ne sont-elles pas simplement dues à des influences superficielles, telles que le climat, l'hérédité, etc. ?*

R. — On ne peut nier qu'il existe entre les

races humaines des différences constitutionnelles profondes : celles du cerveau et de l'angle facial par exemple, qui sont comme les mesures de leur évolution. D'autre part, il existe des types intermédiaires qui supposent des croisements de races ; et ces croisements de races impliquent nécessairement leur diversité.

60. *Mais alors, si les hommes ne descendent pas tous d'un premier couple, ils ne sont pas tous frères ?*

R. — Tous les hommes sont frères *en Dieu*, ce qui est une fraternité infiniment supérieure. De plus, tous sont parents en ce sens qu'ils ont l'unité de nature et la communauté des destinées. Tous sont *un* par l'Esprit qui s'incarne en chacun d'eux et procède de Dieu.

V. — Les Esprits. Dieu.

61 *Qu'est-ce que l'Esprit ?*

R. C'est une substance immatérielle, indivisible, immortelle, principe intelligent de l'univers.

62. *Pouvons-nous voir et comprendre l'Esprit ?*

R. — Non. Sa nature intime nous est inconnue ; nous ne connaissons point ici-bas l'essence des êtres ni des choses ; mais nous le nommons esprit par opposition à la matière.

63. *Que sont les Esprits?*

R. — Ce sont les êtres intelligents, vivant d'une vie personnelle et consciente, destinés à progresser indéfiniment vers le Vrai, le Beau, le Bien éternels.

64. *Y a-t-il plusieurs classes d'Esprits?*

R. — Oui : il y a d'abord l'*Esprit Pur*, qui est Dieu ; il y a les Esprits qui vivent libres dans l'espace ; et enfin les Esprits incarnés, c'est-à-dire les âmes revêtues d'un corps matériel, habitant sur la Terre et les autres mondes.

65. *Qu'est-ce que Dieu?*

R. — C'est l'Esprit pur, incréé, éternel, cause initiale et ordonnatrice de l'univers.

66. *Peut-on définir Dieu?*

R. — Dieu est indéfinissable. Définir, c'est limiter : or, Dieu est infini ; il est le cercle éternel dont le centre est partout et la circonférence nulle part.

67. *On ne peut donc jamais pénétrer la nature intime de Dieu?*

R. — Jamais ! Dieu est comme le soleil ; si nous le regardons en face, il nous aveugle ; si nous le regardons dans son rayon, il nous éclaire.

68. *Peut-on prouver l'existence de Dieu?*

R. — D'une manière directe et sensible, non ; car il ne tombe pas sous les sens.

69. *Cependant l'univers ne prouve-t-il pas l'existence de Dieu?*

R. — Si, mais il ne le montre pas. Dieu se cache sous le voile transparent des choses, comme pour nous forcer à le chercher et nous procurer la joie de le découvrir.

70. *Où est Dieu?*

R. — Partout, puisque son Être infini ne peut être circonscrit dans aucun lieu.

71. *L'homme ne porte-t-il pas en lui l'idée de Dieu?*

R. — Oui, l'idée de Dieu est au fond de la conscience humaine, comme les étoiles au fond de la nuit. De toutes les preuves de son existence, celle-ci est la plus sûre et la meilleure, parce qu'elle est innée dans l'âme, comme un reflet de la vérité éternelle.

72. *Dieu est-il seul dans l'Infini?*

R. — Oui, Dieu est seul, puisqu'il n'y a qu'un seul Dieu; mais il n'est pas solitaire, car la vie universelle évolue en lui, par lui et autour de lui.

73. *Les Esprits sont donc autour de Dieu?*

R. — Oui. Dieu est le lieu des Esprits, c'est-à-dire le foyer éternel de lumière et d'amour auquel viennent s'illuminer toutes les Intelligences.

74. *Comment vivent les Esprits dans l'espace?*

R. — Les Esprits supérieurs vivent d'une vie purement fluidique, c'est-à-dire dégagée de la matière, en proportion de leur degré d'avancement spirituel; les Esprits inférieurs, encore alourdis par le poids de la matérialité, errent dans des sphères plus basses, en attendant que leur dégagement complet se réalise.

75. *Un Esprit désincarné peut donc être encore attaché à la matière?*

R. — Oui, car le périsprit demeure imprégné des fluides épais qui l'empêchent de remonter dans l'espace, comme l'aile d'un oiseau qui a traîné dans la boue l'empêche de s'élever vers le ciel.

76. *Comment vivent les Esprits inférieurs?*

R. — D'une vie inquiète et tourmentée; ils parcourent sans but les régions crépusculaires de l'erraticité, sans pouvoir comprendre leur état ni trouver leur voie : c'est ce qu'on appelle des âmes en peine.

77. *Les Esprits inférieurs sont-ils nuisibles?*

R. — Quelques-uns le sont; et leur mauvaise influence sur les hommes a donné lieu à la croyance aux démons.

78. *Les démons n'existent donc pas?*

R. — Non : il y a de mauvais Esprits, mais ceux qu'on appelle les démons ou esprits éternellement mauvais, n'existent pas; le mal ni les méchants ne peuvent être éternels.

79. *Les mauvais Esprits peuvent donc exercer une influence sur les hommes?*

R. — Oui, sur les hommes méchants qui les

invoquent ou sur les hommes faibles qui s'abandonnent à eux; de là les phénomènes fréquents de la possession et de l'obsession.

80. *Comment les hommes peuvent-ils entrer en relation avec les mauvais Esprits?*

R. — Par le moyen des fluides et en vertu de la loi d'affinité spirituelle : « Qui se ressemble se rassemble. »

81. *Y a-t-il plusieurs classes d'Esprits mauvais?*

R. — Oui, il y a les Esprits simplement *inférieurs,* tels que les Esprits légers, imparfaits, moqueurs, que nos pères appelaient les *lutins,* les *farfadets,* et qui se plaisent aux espiègleries de toutes sortes; puis il y a les Esprits pervers, qui portent les hommes au mal pour le plaisir de faire le mal, et ceux qui, comme les *Esprits frappeurs,* habitent ordinairement les maisons hantées.

82. *Mais il y a aussi de bons Esprits?*

R. — Oui, et c'est le plus grand nombre. L'antiquité les nommait : bons génies; la religion les appelle : anges gardiens; les spirites les connaissent sous le nom d'Esprits familiers ou Esprits protecteurs.

83. *Chaque homme a-t-il un Esprit protecteur attaché à sa personne?*

R. — Ordinairement nous en avons plusieurs. Ce sont des parents, des amis qui nous ont connus ou aimés; ou encore des Esprits dont la mission consiste à protéger les hommes, à les guider dans la voie du bien, et qui avancent eux-mêmes en travaillant à l'avancement des autres.

84. *Les hommes, dans ce monde, et les Esprits, dans l'autre, travaillent donc d'un commun accord?*

R. — Certainement; tout se tient et s'enchaîne dans l'univers. Les corps, par leurs radiations, agissent les uns sur les autres; il en est de même dans le domaine des Esprits. Tout ce que les hommes font de bien, de beau, de grand sur la terre, leur est inspiré le plus souvent par des influences invisibles; c'est par cette loi de solidarité morale que Dieu gouverne l'univers.

85. *Ainsi, l'histoire humaine est dictée par le monde invisible?*

R. — Oui; Dieu la dicte, les Esprits la traduisent, et les hommes l'accomplissent. Toute la philosophie des siècles est renfermée dans ces trois termes. Mais il faut tenir compte de la liberté humaine qui, souvent, entrave les vues d'en haut. De là viennent les contradictions apparentes de l'histoire.

VI. — La doctrine du Spiritisme.

86. *Comment se nomme l'ensemble des enseignements que nous venons d'exposer?*

R. — L'ensemble de ces enseignements se nomme *Spiritisme*, ou *spiritualisme expérimental*.

87. *Que signifie ce mot : spiritisme?*

R. — Il signifie : Science de l'Esprit ou enseignement des Esprits, car ce sont les Esprits eux-mêmes qui nous l'ont révélé.

88. *Pourquoi spiritualisme expérimental?*

R. — Parce que cette doctrine repose sur des faits positifs, contrôlés par l'expérimentation scientifique.

89. *Le spiritisme est-il une science ou une croyance?*

R. — Le spiritisme est à la fois une science positive, une philosophie, une doctrine sociale ; c'est aussi une croyance, mais basée sur la science expérimentale.

90. *Est-ce une science, une philosophie, une doctrine, une croyance nouvelles?*

R. — Nullement; c'est la science intégrale, la philosophie humaine, la doctrine universelle. Elle est ancienne et nouvelle, comme la Vérité, qui est éternelle.

91. *Prouvez que le spiritisme est une science.*

R. — Le spiritisme est une science parce qu'il repose sur des principes positifs, d'où l'on peut tirer des déductions scientifiques incontestables.

En outre, il est la raison même de la science, car la science qui n'éclaire pas l'homme sur sa nature intime et sur sa destinée n'est qu'une science incomplète et stérile, comme le positivisme.

Or, le spiritisme est la science complète de l'homme; elle lui indique sa vraie nature, son principe fondamental, sa destinée finale, et par conséquent s'efforce, en lui donnant toute lumière sur la vie, de le rendre plus heureux et meilleur.

92. *Quelles sont les preuves scientifiques actuelles du spiritisme?*

R. — Les preuves actuelles du spiritisme sont les découvertes récentes de la radioactivité de tous les corps et de tous les êtres, l'hypnose, le magnétisme, les phénomènes multiples de la télépathie, du dédoublement, les fantômes des vivants et des défunts, en un mot tout l'ensemble des phénomènes de l'ordre psychique.

Les découvertes futures, dont celles-ci ne sont que la préface, donneront au spiristisme expérimental une consécration définitive.

93. *Puisque le spiritisme est une science positive, pourquoi rencontre-t-il tant de contradiction, d'hostilité même parmi les savants?*

R. — Le spiritisme n'est combattu, en général, que par les savants officiels, précisément parce qu'il est une révolution dans la science officielle. La plupart des savants libres et indépendants sont, au contraire, favorables au spiritisme et viennent chaque jour grossir nos rangs.

Le spiritisme expérimental a été reconnu d'utilité publique; de nombreux Instituts psychiques se sont créés dans les grands centres intellectuels de l'Europe et du Nouveau Monde. La science, affranchie des méthodes surannées et des routines séculaires, sera, dans un prochain avenir, entièrement spiritualiste.

94. *Comment le spiritisme, qui est une science, est-il en même temps une philosophie et une morale ?*

R. — Parce que le spiritisme est une science éminemment pratique, qui enseigne aux hommes les deux grandes vertus sur lesquelles repose toute la morale humaine : la justice et la solidarité, c'est-à-dire le progrès dans l'ordre et l'amour.

95. *Est-ce que le christianisme n'explique pas cette morale ?*

R. — Si, c'est la morale universelle écrite de tout temps dans la conscience humaine. Jésus l'enseigna au monde il y a vingt siècles, mais les sacerdoces et les théologies l'ont dénaturée et altérée par des additions intéressées ou des interprétations subtiles. Le spiritisme lui restitue sa pureté première, l'appuie sur des preuves sensibles et la présente au genre humain avec toute l'ampleur qui convient à son évolution actuelle et à ses progrès futurs.

96. *Cependant toute morale demande une sanction, c'est-à-dire une récompense pour le bien, un châtiment pour le mal ?*

R. — La récompense du bien accompli, c'est le bien lui-même, comme le châtiment du mal commis, c'est la conscience de l'avoir fait avec préméditation : d'où le remords. L'esprit humain est à lui-même son propre rémunérateur ou son justicier. Dieu ne punit ni ne récompense personne. Une loi immuable, une justice immanente président à l'ordre de l'univers comme aux actions des hommes. Tout acte accompli renferme ses conséquences. Dieu laisse au temps le soin de les réaliser.

97. *Il n'y a donc ni ciel ni enfer ?*

R. — Le ciel ou l'enfer est dans la conscience de chacun de nous ; toute âme porte en soi et avec soi sa joie ou sa peine, sa gloire ou sa misère, suivant ses mérites ou ses démérites.

98. *Alors, pourquoi faire le bien et éviter le mal, si l'on n'est ni récompensé de l'un par le ciel, ni puni de l'autre par l'enfer ?*

R. — Il faut faire le bien et éviter le mal, non pas dans le but égoïste d'une récompense ni dans la crainte servile d'un châtiment, mais uniquement parce que c'est la loi de notre destinée et la condition nécessaire de notre avancement. Le progrès des êtres est le résultat de leur effort individuel : ainsi s'évanouissent le dogme injurieux de la grâce et la théorie fataliste de la prédestination.

99. *Comment formulerez-vous la loi de la destinée ?*

R. — Chacun de nos actes, bon ou mauvais, avons-nous dit, retombe sur nous. La vie présente, heureuse ou malheureuse, est la résultante de nos œuvres passées et la préparation de nos vies futures. Nous récoltons, mathématiquement, à travers les siècles, ce que nous avons semé. Le souvenir de nos vies antérieures s'efface lors du retour de l'âme dans la chair ; mais le passé subsiste dans les profondeurs de l'être. Ce souvenir se retrouve à la mort et même pendant la vie, lorsque l'âme se dégage du corps matériel, dans les différents états du sommeil. Alors, l'enchaînement de nos vies et, par suite, celui des causes et des effets qui les régissent, se reconstituent. La réalisation en elle d'une loi souveraine de justice devient évidente pour nous (1).

100. *Nous venons de voir que le spiritisme est une science positive et une philosophie morale : comment est-il en outre une doctrine sociale ?*

(1) Voir Léon Denis, *le Problème de la Destinée*.

R. — Parce que le spiritisme bien compris et bien pratiqué rend l'individu meilleur, et que c'est uniquement par l'amélioration de l'individu que l'on peut obtenir celle de la société.

101. *Comment le spiritisme rend-il l'individu meilleur ?*

R. — En lui donnant la vraie notion de la vie et, partant, celle de sa destinée ; c'est-à-dire en faisant l'éducation morale de l'homme individuel et de l'homme social.

102. *Mais la sociologie et le socialisme modernes ne font-ils pas la même chose ?*

R. — Ils font malheureusement le contraire. Le socialisme actuel ne voit dans l'existence présente que ce qu'il appelle « la concurrence vitale », c'est-à-dire la lutte pour la vie.

Cette théorie est dangereuse parce qu'elle consacre le matérialisme, excite des appétits, déchaîne les convoitises, légitime tous les attentats et amène l'anarchie. Elle ne vise que le bien-être matériel, c'est-à-dire la vie du corps, et ne tient nul compte de la destinée immortelle de l'esprit.

103. *Comment la doctrine spirite corrige-t-elle cette erreur du socialisme ?*

R. — Le spiritisme démontre à l'homme que sa vie présente n'est qu'un anneau de la longue chaîne de ses existences. Par conséquent, il doit la considérer surtout à son point de vue réel, celui de l'éducation de l'âme, et non pour les avantages matériels qu'elle nous offre, ceux-ci ne pouvant, si nous en abusons, que retarder notre avancement et notre véritable bonheur.

Cette seule considération n'est-elle pas déjà l'un des meilleurs arguments en faveur de la modération des appétits, et la plus sûre de nos sécurités sociales ?

104. *Comment le spiritisme comprend-il la solidarité humaine ?*

R. — Dans sa notion la plus haute et la plus étendue. Chaque homme devant renaître un jour pour réparer ses fautes ou perfectionner sa vie sur cette même terre, qui est le champ de bataille de ses luttes et le terrain de ses labeurs, n'a-t-il pas tout intérêt à y faire le bien autour de lui, à aimer ses semblables, à leur rendre service pour se préparer un retour heureux dans ce monde d'épreuves ? L'homme comprend, grâce aux enseignements du spiritisme, qu'il travaille pour lui-même en se dévouant pour tous : c'est le principe de la vraie solidarité par le sacrifice individuel, d'où résulte le bénéfice collectif. Si cette doctrine était comprise et consciencieusement appliquée, seulement pendant vingt-quatre heures sur la terre, le problème social serait définitivement résolu.

105. *N'est-ce point là un rêve, une de ces uto-*

pies caressées par les esprits chimériques, mais impossible à réaliser ?

R. — Les faits sont là pour prouver la possibilité de réaliser cette doctrine sociale. Il existe en Belgique et en France des groupes spirites d'ouvriers, et surtout de mineurs, qui fonctionnent depuis quinze ou vingt ans. Tous les dimanches, ils se réunissent pour écouter les enseignements des Esprits protecteurs et les communications de l'au-delà. Chacun de ces humbles travailleurs prend sa part de l'Évangile des invisibles. Quelques-uns se sont complètement guéris de leurs passions et corrigés de leurs vices; tous sont consolés, instruits, réconfortés et deviennent meilleurs. Ces hommes, autrefois incultes et grossiers, sont maintenant éclairés sur les problèmes de la destinée et de la vie éternelle. Les voix d'outre-tombe, celles de leurs amis, de leurs parents, leur ont appris davantage que les sermons du prêtre ou les déclamations du sophiste et du rhéteur.

Un jour, et ce jour ne tardera pas à venir, ces communications du monde invisible deviendront la religion des peuples et celle de l'humanité ; un nouveau principe d'éducation sociale sera révélé au monde, et la paix, la justice, la fraternité régneront parmi les hommes.

VII. — Pratique expérimentale.

106. *Qu'est-ce que pratiquer le spiritisme ?*

R. — Pratiquer le spiritisme, c'est : 1° invoquer les Esprits et se mettre en rapport avec le monde invisible ; 2° fréquenter assidûment les réunions spirites ; 3° développer les dons de médiumnité qui sont en germe dans chacun de nous.

107. *Qu'est-ce qu'invoquer les Esprits ?*

R. — C'est leur adresser des prières et leur demander lumière, inspiration, aide et protection.

108. *La prière est donc entendue dans le monde invisible ?*

R. — La prière est un élan de l'âme qui se trace un chemin fluidique dans l'espace; elle peut atteindre les Esprits les plus élevés et arriver jusqu'à Dieu.

109. *Quelle est la meilleure des prières ?*

R. — Toute prière est bonne quand elle est une élévation de l'âme et un appel sincère du cœur.

110. *Qu'est-ce qu'une réunion spirite ?*

R. — C'est un groupe composé de plusieurs personnes unies par la communion des pensées, l'affinité des fluides et l'accord des volontés.

111. *Comment doit être composée une vraie réunion spirite ?*

R. — D'un groupe de chercheurs éclairés, d'un président, d'un ou de plusieurs médiums, sous la protection des bons Esprits.

112. *Où doivent se tenir ces réunions ?*

R. — N'importe où, car l'Esprit se manifeste où il veut; mais de préférence dans un lieu recueilli, car les bons Esprits n'aiment pas à se manifester dans le trouble.

113. *Est-ce le jour ou la nuit que l'on doit se réunir ?*

R. — Tantôt le jour, tantôt la nuit, selon que les Esprits eux-mêmes l'auront décidé : cependant la nuit est plus propice aux communications avec le monde invisible.

114. *Pourquoi cela ?*

R. — Parce que l'atmosphère nocturne est plus calme; l'activité du jour n'intercepte plus les courants des ondes magnétiques; dans ces conditions, il est plus facile de tracer le chemin fluidique entre ce monde et l'au-delà. C'est d'ailleurs ce que signifie le proverbe antique : « Le jour est aux hommes, la nuit appartient aux dieux », c'est-à-dire aux Esprits.

115. *Toutes les réunions spirites sont-elles témoins des mêmes révélations et des mêmes phénomènes ?*

R. — Non : chaque réunion a son caractère, chaque groupe sa physionomie. Tout dépend de l'élévation des Esprits qui se communiquent, des dispositions intimes des assistants et, surtout, de la valeur des *médiums*.

116. *Que veut dire le mot médium?*

R. — Il signifie intermédiaire, c'est-à-dire qui occupe le milieu entre les membres du groupe et les Esprits qui se communiquent.

117. *Que faut-il pour être un bon médium?*

R. — Il faut réunir certaines conditions ou qualités psychiques, intellectuelles et morales.

118. *Quelles sont les qualités psychiques d'un bon médium?*

R. — D'abord et avant tout, l'équilibre psychique et moral; ensuite, une quantité de fluide magnétique suffisante pour permettre aux Esprits de se manifester.

119. *Quelles sont les qualités intellectuelles d'un bon médium?*

R. — Il est à souhaiter que le médium soit intelligent et instruit. La valeur des communications est en proportion de la valeur intellectuelle du médium. De même qu'un grand artiste aime à se servir d'un bon instrument, ainsi un Esprit supérieur choisit de préférence un médium digne de lui et apte à le servir.

120. *Un Esprit supérieur ne peut-il suppléer à l'incapacité du médium?*

R. — Cela arrive quelquefois; mais ce n'est pas la règle générale. Le médium prêtant ses facultés à l'Esprit pour lui permettre de communiquer sa pensée et ses enseignements, il est facile de comprendre que plus ses facultés seront affinées, mieux l'Esprit pourra s'en servir.

121. *Pourquoi le médium doit-il avoir des qualités morales ?*

R. — Parce qu'un médium immoral ou vicieux ne peut qu'attirer de mauvais Esprits, ce qui est toujours dangereux.

122. *Mais alors, comment pourra-t-on distinguer la part du médium et la part de l'Esprit dans les communications ?*

R. — Cela demande, en effet, une grande expérience des phénomènes psychiques ; cependant, il arrive toujours un moment où la communication atteint une ampleur et revêt un caractère qui dépassent les moyens personnels et les possibilités du médium : c'est à cette marque que l'on reconnaît l'action directe de l'Esprit.

123. *Est-ce à l'état de veille que le médium peut servir d'intermédiaire avec le monde invisible ?*

R. — Les phénomènes de premier ordre, les communications supérieures exigent ordinairement l'état de somnambulisme ou d'hypnose à tous ses degrés, c'est-à-dire depuis l'extériorisation partielle jusqu'au dégagement complet. Cet état facilite la *trance* (1) et rend

(1) Voir Léon Denis, *Dans l'Invisible. Spiritisme et Médiumnité*, chap. XIX.

possible le phénomène si remarquable de l'incorporation, par laquelle l'Esprit entre momentanément dans la personnalité du médium, psychiquement absente, comme un étranger dans une demeure inhabitée.

124. *A quel ordre appartiennent ces phénomènes de la médiumnité ?*

R. — A l'ordre appelé *psychique*, c'est-à-dire *spirituel*. Il ne faut pas oublier que les lois de l'univers sont toute harmonie, et que, conséquemment, nous qui sommes des esprits, nous ne pouvons communiquer avec le monde des Esprits que par les sens de l'esprit. Ce sixième sens, qui complète la nature humaine, c'est la perception spirituelle, c'est-à-dire la médiumnité.

125. *La médiumnité n'est donc pas une découverte récente ?*

R. — Pas plus que l'âme, dont elle est une manifestation : elle fait partie intégrante de la nature humaine, elle prouve notre affinité avec le monde invisible et divin.

126. *La médiumnité a-t-elle été pratiquée dans le passé ?*

R. — Oui ; grâce à elle l'antiquité, beaucoup plus que les temps modernes, fut en com munion avec le monde invisible. L'Égypte, la Gaule, la Grèce, Rome, le peuple juif, ont connu la médiumnité. La pythie, les sibylles, les druidesses de l'île de Sein, les prophètes hébreux, les grands théurges d'Alexandrie, comme Apollonius de Thyane, ont été des médiums célèbres. Le Christ lui-même fut le médium de Dieu, intermédiaire entre le ciel et la terre; on l'appelle encore aujourd'hui le *médiateur*.

127. *Cependant, l'Église catholique répudie violemment cette explication de la mission de Jésus ?*

R. — Oui, parce qu'elle a perdu le sens de son initiation première. Pourtant, c'est du fait spirite de la Pentecôte qu'est sortie la primitive Église, par l'effusion de l'Esprit de Jésus sur les apôtres. Les premiers chrétiens formaient des groupes spirites, dont saint Paul a été le législateur. Il suffit de lire quelques passages de ses épîtres, principalement de celle adressée aux Corinthiens, pour voir comment fonctionnaient ces groupes et quelles étaient les différentes sortes de médiumnités des chrétiens de ce temps.

Ni l'Évangile de Jésus, ni les commencements de l'Église ne peuvent être compris sans les données du spiritisme (1).

128. *Vous avez dit qu'il fallait cultiver et développer la médiumnité : comment cela peut-il se faire ?*

R. — Comme toutes les facultés de l'âme,

(1) Voir Léon Denis, *Christianisme et Spiritisme*.

la médiumnité est perfectible. On la développe par l'exercice, l'entraînement, l'expérimentation. Mais il faut pour cela se laisser diriger par les Esprits eux-mêmes; car ce sont eux qui préparent et forment leurs médiums, comme un maître sage forme l'ouvrier qui doit le seconder et le servir.

129. *L'exercice de la médiumnité est-il dangereux ?*

R. — Comme toute chose, quand on en abuse ou qu'on ne sait pas bien s'en servir.

130. *Comment peut-on abuser de la médiumnité ?*

R. — Cela peut arriver de plusieurs manières :

1° Quand on s'en sert trop souvent, ce qui peut nuire à la santé. Un médium est un vivant et précieux réservoir de forces psychiques; mais ces forces ne sont pas inépuisables. Il faut donc cesser les expériences dès les premiers symptômes de fatigue, et distancer les réunions de manière à laisser au médium le temps de reconstituer sa provision fluidique. Les Esprits eux-mêmes sont les premiers à ménager leur médium et à l'avertir dès que la force psychique commence à s'épuiser;

2° On abuse également de la médiumnité quand on la fait servir à des amusements frivoles et à la pure curiosité de l'esprit humain.

Le médium paie quelquefois très cher cette fantaisie téméraire ; il s'expose à l'obsession et à la possession des mauvais Esprits. Il ne faut pas abuser des dons de Dieu, sans quoi l'on est sévèrement puni.

Le médium, en règle générale, ne doit jamais expérimenter seul.

131. *Comment les médiums peuvent-ils prévenir ces dangers ?*

R. — En se préparant à leurs fonctions comme à un ministère sacré, par l'invocation, le recueillement et la prière.

L'initié aux mystères antiques avait un rituel; il ne se livrait à l'évocation qu'après s'être préparé par l'abstinence et la méditation, dans la solitude. La loi n'a point changé : quiconque veut passer outre s'expose à de réels inconvénients.

132. *Dans un groupe spirite, les membres assistants ont-ils également certains devoirs à remplir ?*

R. — Oui, et le premier de tous, c'est de s'unir par l'affinité sympathique des fluides et l'accord unanime des volontés. Une seule volonté discordante ou hostile neutralise le fluide collectif et peut empêcher la communication.

Il ne faut jamais introduire dans une réunion un élément nouveau, sans avoir préalablement demandé l'avis de l'Esprit protecteur du groupe, car lui seul jugera des affinités fluidiques du nouveau venu.

133. *Si les assistants sont mus par un simple sentiment de curiosité ou de scepticisme, que se passera-t-il ?*

R. — Les assistants ont la société des Esprits qu'ils méritent. S'ils sont légers, ils auront des Esprits légers et mystificateurs ; s'ils sont corrompus, ils auront des Esprits impurs et pervers, dont le contact, même momentané, n'est jamais inoffensif.

134. *Les groupes spirites doivent-ils être limités quant au nombre des personnes qui les composent ?*

R. — Non, pas d'une manière absolument mathématique ; mais, en règle générale, les groupes les moins nombreux sont les plus unis et par conséquent les meilleurs.

135. *Pourquoi ?*

R. — Parce que, s'il est déjà difficile d'harmoniser les fluides de cinq ou six personnes avec ceux de l'Esprit, cela est encore plus difficile quand les membres sont plus nombreux. Il est bon de n'être pas moins de trois et pas plus de douze. Ajoutons qu'il est préférable de se réunir autant que possible dans le même lieu, aux mêmes jours et à la même heure. Ces habitudes régulières favorisent sensiblement l'influence et l'action des Esprits.

136. *Combien y a-t-il de sortes de médiumnités ?*

R. — Il est difficile de les classer, parce qu'il est impossible de limiter les dons d'En-Haut. « L'Esprit souffle où il veut, quand et comme il veut. »

Cependant, on distingue ainsi les formes ou manifestations de la médiumnité : la typtologie, c'est-à-dire les coups frappés, les tables parlantes ; les phénomènes de lévitation, qui sont comme l'*a b c* du spiritisme expérimental. La plupart des médiumnités commencent par là.

L'écriture automatique ou directe, c'est-à-dire les caractères tracés par des mains invisibles ou par les médiums sous l'impulsion des Esprits ; le phénomène d'incorporation, qui a lieu lorsqu'un Esprit vient momentanément s'emparer de l'organisme du médium endormi et se substituer en quelque sorte à sa personnalité : cela suppose le sommeil magnétique profond.

Il y a enfin les apparitions ou matérialisations d'Esprits à tous degrés ; quelques-unes peuvent être saisies à l'instantané par la photographie.

Il y a d'autres formes de la médiumnité : par exemple, la médiumnité voyante ou auditive, qui perçoit les êtres, les bruits et les harmonies du monde invisible ; la médiumnité guérissante ou curative, qui guérit par simple attouchement les maladies, ou les diagnostique à l'intérieur du corps par la double vue. Il y a encore la glossolalie ou don des langues ; elle permet au médium en état de somnambulisme de parler, d'écrire, de comprendre des langues mortes ou vivantes qu'il ignore à l'état de veille, etc.

137. *Mais le charlatanisme, la simulation, la supercherie ne jouent-ils pas un rôle considérable dans la pratique du spiritisme ?*

R. — Oui, sans doute, cela arrive parfois. Quelle est la science qui n'a pas ses charlatans et ses exploiteurs ? Quelle est la religion qui n'est pas corrompue et déshonorée par ses faux miracles, ses faux prophètes, ses mauvais prêtres ou ses superstitions ? Cela prouve que le propre de la nature humaine et l'une des marques de sa faiblesse, c'est d'abuser de tout, même des choses les plus sacrées, et de tout profaner, même les plus nobles dons qu'elle a reçus de Dieu.

138. *La pratique du spiritisme ne mène-t-elle pas aussi quelquefois au suicide ou à la folie ?*

R. — Nullement. S'il s'est produit quelques cas d'exaltation, il faut remarquer que la science et la religion, qui sont deux choses nécessaires et très hautes, ont, elles aussi, dans le cours des siècles, l'une, fait éclater bien des cerveaux, l'autre, produit des cas de folie religieuse et commis des crimes odieux. Ce n'est pas une raison, cependant, pour renoncer à la religion qui a fait de grandes âmes, ni à la science qui a produit de grands esprits. Il serait illogique et injuste de ne voir les choses élevées que par leurs petits ou mauvais côtés.

De ce que le cerveau humain ne peut pas toujours supporter le poids de certaines révélations, on ne peut conclure qu'une seule chose : c'est que l'invisible est sans bornes, et l'homme bien limité devant l'infini !

139. *Que penser du rôle du démon dans les manifestations spirites ?*

R. — Le démon n'existe pas et ne peut pas exister, car, s'il existait, Dieu ne serait pas; l'un est essentiellement exclusif de l'autre.

140. *Comment cela ?*

R. — Si le démon est éternel comme Dieu, il y a deux êtres éternels. Or, la coexistence de deux éternités est impossible; elle serait une contradiction dans l'ordre métaphysique. Ces deux dieux, l'un du bien, l'autre du mal, rappellent la théorie orientale des deux principes : c'est une réminiscence du dualisme manichéen.

Si, au contraire, le démon est la créature de Dieu, Dieu devient alors responsable devant l'humanité de tout le mal que le démon a fait et fera encore éternellement. C'est la plus sanglante injure que l'on puisse faire à Dieu, puisque c'est nier sa justice et sa bonté.

Il y de mauvais Esprits, nous l'avons dit plus haut, qui poussent au mal l'homme enclin à s'y abandonner ; mais le démon, considéré comme la personnification individuelle du mal, n'existe pas.

141. *Pourtant, l'Église enseigne et affirme le caractère satanique de certaines manifestations spirites ?*

R. — L'Église n'a qu'un seul mot pour expliquer ce qu'elle ne comprend pas : Satan.

Dans le cours des siècles, l'Église a toujours attribué à Satan toutes les inventions du génie, depuis celle de la vapeur jusqu'à celles des chemins de fer et de l'électricité.

Il est dans sa logique habituelle et dans son caractère de dire que les phénomènes du magnétisme et les révélations spirites sont l'œuvre de Satan. Cependant, malgré les anathèmes de l'Église, la science progresse, le génie de l'homme évolue et le spiritisme deviendra la foi universelle de l'avenir.

142. *Alors, le spiritisme est la religion de l'avenir ?*

R. — Il est plutôt l'avenir de la religion. Le spiritisme, comme son nom l'indique, est la forme la plus haute et la plus scientifique du spiritualisme. Il est à la fois, nous l'avons vu, une science positive, une philosophie morale, une solution sociale. A tous ces titres, il répond admirablement aux exigences de la pensée moderne, aux besoins du cœur humain, aux aspirations élevées de l'âme. Les progrès de l'avenir confirmeront chaque jour davantage ses enseignements et sa doctrine : nous pouvons donc affirmer que le spiritisme est le *Credo* futur de l'humanité.

VIII. — Consolations. Esthétique : le Beau, le Vrai, le Bien.

143. *Comme science, le spiritisme s'adresse à la raison ; mais comment s'adresse-t-il au cœur humain ?*

R. — 1° En le consolant dans l'épreuve ; 2° en lui faisant aimer la vie, la nature, l'univers, comme une œuvre solidaire et harmonieuse, tout imprégnée d'amour, de poésie, de beauté.

144. *Comment le spiritisme console-t-il l'homme dans ses épreuves ?*

R. — En lui faisant comprendre que la souffrance est une éducation nécessaire à sa destinée ; qu'elle agrandit l'âme, forme le jugement, trempe le caractère, affine les sensations, et inspire le noble sentiment de pitié, par lequel nous ressemblons davantage à Dieu.

145. *Ce sont là des consolations qui s'adressent encore à la raison ; mais les vraies peines du cœur, telles que la perte de ceux que nous aimons, d'une mère, d'un enfant, d'un ami, etc., ne sont-elles point des peines inconsolables ?*

R. — Il n'est pas de peines inconsolables. Ce sont précisément celles-ci que le spiritisme console le mieux, puisque, grâce à son enseignement et à ses pratiques, nous sentons autour de nous la présence de nos morts bien-aimés. Leur fluide nous enveloppe ; ils nous parlent, parfois ils se laissent voir et même photographier. La foi religieuse donne seulement l'espérance : le spiritisme donne la certitude et fait toucher la réalité.

146. *Le spiritisme nie donc la mort ?*

R. — Non, mais la délivre des terreurs et des craintes dont les préjugés l'environnent. Le spiritisme nous fait aimer la vie et nous apprend à ne pas craindre la mort.

147. *Comment le spiritisme fait-il aimer la vie ?*

R. — En nous la présentant comme une des étapes nécessaires de notre destinée. De plus, il nous fait comprendre comment l'existence humaine, malgré sa durée et ses apparences éphémères, se rattache au plan général d'évolution, d'amour et de beauté qui constitue l'univers.

148. *Comment la vie humaine se rattache-t-elle au plan général de l'univers ?*

R. — Comme la partie se rattache au tout ; comme le détail se ramène à l'ensemble. L'univers est l'Océan éternel de la vie : l'existence humaine en procède comme de son principe et y retourne comme à sa fin.

149. *N'est-ce point là ce qu'on appelle le panthéisme ?*

R. — Nullement, car l'être humain, c'est-à-dire l'Esprit incarné ou désincarné, garde sa personnalité et son identité dans la vie universelle, comme certains courants qui circulent dans l'Océan sans y mélanger leurs eaux.

150. *Si la vie humaine n'existait pas, il manquerait donc quelque chose à l'univers ?*

R. — Certainement, car l'homme résume en lui toutes les vies des divers règnes de la nature : celles du minéral, de la plante, de l'animal, et les complète par la conscience et la liberté. La vie humaine est le phénomène conscient de la nature.

151. *La nature est donc éternelle ?*

R. — La nature est l'effet ; la cause seule est éternelle : c'est Dieu.

152. *Dieu est donc l'auteur de la nature ?*

R. — Oui ; partout nous retrouvons sa puissance, son intelligence, son amour et le reflet de sa beauté.

153. *La nature est donc le reflet de Dieu ?*

R. — Oui ; la nature est un transparent sous lequel on découvre Dieu ; chacun des phénomènes de la nature est le symbole d'une pensée divine.

154. *Comment se fait-il que si peu d'hommes voient la nature de cette manière ?*

R. — Parce que le plus grand nombre des hommes regardent ces choses avec un œil fatigué par l'habitude ou faussé par la passion.

L'homme qui a gardé la jeunesse du cœur et la pureté du regard voit la nature et la vie dans la vraie lumière. C'est dans ce sens que Jésus a dit : « *Heureux les cœurs purs, parce qu'ils verront Dieu;* » et encore : « *Si votre regard est simple, tout votre corps sera illuminé.* »

155. *Mais cette manière de comprendre la nature n'est-elle pas exclusivement mystique, puisque la science moderne n'y voit qu'un phénomène purement matériel ?*

R. — C'est précisément l'erreur de la science contemporaine de ne voir dans la nature que le phénomène matériel ; et c'est aussi sa punition de ne pouvoir, à cause de cela, saisir ni la loi de la nature, ni la vie profonde des êtres qu'elle renferme. Le spirite, lui, comme son nom l'indique, interroge en tout et partout « l'esprit » des choses ; et c'est l'Esprit qui lui répond et l'instruit.

156. *Ainsi, le spirite est en communion plus intime avec la nature ?*

R. — Certainement ; c'est là la véritable communion universelle. Au milieu de la nature, le spirite n'est jamais seul. Le monde des Esprits l'environne, une protection invisible l'enveloppe : partout il découvre un mystère et entend des voix. Il sent qu'un immense amour demeure au fond de toute vie ; que chaque être redit un chant du grand poème et apporte sa note particulière au concert universel.

157. *Vous avez dit que le spiritisme avait aussi une esthétique spéciale, c'est-à-dire une conception de la Beauté ?*

R. — C'est l'esthétique unique ; la seule qui soit adéquate à la raison universelle : l'esthétique spiritualiste.

158. *Qu'est-ce que l'esthétique ?*

R. — C'est la science des lois de la beauté.

159. *Qu'est-ce que la Beauté?*

R. — C'est ce qui plaît à l'esprit et charme les yeux.

160. *Pourquoi ce qui est beau est-il ce qui plaît à l'esprit et aux yeux ?*

R. — Parce que le beau est conforme à la nature, comme la nature, à son tour, est conforme à l'idée divine, qui en est le modèle éternel.

161. *La nature est donc l'expression de la Beauté ?*

R. — Oui, la nature est le premier fait esthétique qui s'impose à notre pensée et à nos regards. Elle est la règle impeccable, le modèle où les arts puiseront toujours la mesure de leur inspiration.

162. *Comment l'homme exprime-t-il la beauté de la nature ?*

R. — Par les arts.

163. *Qu'est-ce que les arts ?*

R. — Les arts sont l'expression matérielle des trois éléments qui constituent la beauté : c'est-à-dire l'idée, la forme et la vie.

164. *Où l'artiste puise-t-il l'idée ou plutôt l'idéal de ses œuvres ?*

R. — Dans la contemplation intérieure d'une beauté incréée, entrevue comme un mirage de la beauté éternelle, qui est Dieu vu dans ses œuvres. C'est cette vision interne que l'on appelle : conception du génie et inspiration.

165. *L'artiste ne doit donc pas simplement imiter la nature ?*

R. — Si, mais il ne doit pas en être le copiste servile, comme le prétend l'école dite réaliste. Il doit seulement lui emprunter les formes sensibles, les signes matériels nécessaires pour donner corps à l'idéal qui est en lui. Plus un artiste approche de l'idéal, plus il exprime le réel ; de même que plus on approche d'une âme, mieux on possède et l'on connaît l'homme tout entier.

166. *Quelle différence y a-t-il entre les Arts, les Sciences et l'Industrie ?*

R. — Ce sont là trois formes de l'activité humaine, qui ont chacune leur objet particulier, mais qui se solidarisent par l'unité du terme qu'elles doivent atteindre.

L'industrie a pour objet l'utile sous toutes ses formes : métiers, inventions, découvertes, etc, ; la science a pour objet les lois qui régissent l'essence des choses et des êtres, c'est-à-dire le vrai ; les arts ont pour sujet le beau, qui est la splendeur du vrai, c'est-à-dire le rayonnement de l'Être dans l'univers.

167. *Le Vrai et le Beau ne doivent-ils pas s'unir pour constituer le Bien?*

R. — Évidemment, le vrai, le beau, le bien sont une seule et même chose ; ce sont les trois facettes d'un seul et même diamant : le vrai, qui est la science, le beau, qui est l'art, doivent se résumer dans le bien, qui est l'amour.

« Toute science, a dit un penseur, qui ne nous porte pas à aimer est une science stérile se trahissant elle-même. »

168. *Tout doit donc se résumer dans l'amour?*

R. — Oui, l'amour est le principe et la fin des choses ; tout procède de lui ; tout doit y retourner. C'est la loi du progrès pour les peuples ; c'est la condition de l'avancement pour l'individu. Toute la loi de la destinée est renfermée dans ce mot.

169. *Comment l'amour est-il la loi du progrès pour les peuples?*

R. — De même que Dieu a fait les grains de sable pour vivre unis sur le même rivage, les grains de blé pour s'embrasser sur le même épi et les grains de raisin sur la même grappe, ainsi il a fait les hommes pour vivre unis dans la famille, puis dans la cité, dans la patrie, et finalement dans l'humanité. C'est la condition essentielle de la civilisation.

170. *Il entre donc dans le plan de l'amour, c'est-à-dire dans le plan de Dieu, que tous les*

hommes soient frères et que tous les peuples s'unissent un jour dans la fraternité universelle?

R. — Oui, c'est la loi de l'amour de tout ramener à l'unité, c'est-à-dire à l'image et à la ressemblance de Dieu, qui est *un*.

171. *Cette notion de l'amour humanitaire ne détruit-elle pas la notion du patriotisme ?*

R. — Nullement, mais elle l'explique et la modifie selon la loi même de la nature et des progrès de l'histoire.

172. *Comment cela ?*

R. — La loi de la nature et celle de l'histoire demandent que le cercle de l'amour s'élargisse progressivement dans le cours des siècles. L'humanité, à chacune de ses étapes, l'homme, à chacune de ses existences, s'affinent et se dilatent davantage. C'est pour aimer de plus en plus que les hommes et les peuples sont soumis à la loi inéluctable des réincarnations ici-bas et dans les autres mondes de l'espace. La vie individuelle et la vie collective évoluent par cycles : le premier, c'est la famille ; le second, la cité ; le troisième, la patrie ;le quatrième, l'humanité; le dernier, l'univers.

173. *A quel cycle de l'histoire humaine sommes-nous actuellement arrivés?*

R. — Au cycle de transition entre l'amour de la patrie et celui du genre humain.

174. *Ainsi, le patriotisme est appelé à disparaître?*

R. — Dans sa notion exclusive et jalouse, oui; dans sa notion historique et intime, non!

175. *Qu'entendez-vous par là?*

R. — Il y a un patriotisme étroit et féroce qui est l'égoïsme des peuples. Celui-là doit périr. De ce qu'un homme vit en deçà de la frontière, et un autre au delà, il ne s'ensuit pas qu'ils doivent se haïr, se battre et se tuer. Mais il y a un patriotisme que chaque homme porte dans son cœur, qui est fait d'émotions intimes, de joies et de douleurs communes, de souvenirs sacrés; celui-là ne périra jamais; il fait partie intégrante de la conscience humaine. Toutefois, cette notion intime se dilate et s'agrandit avec le progrès de la vie, la suppression des distances qui séparent les peuples, le caractère international des relations qui les réunissent. Un jour, ce patriotisme sera absorbé par l'humanité tout entière; la vraie patrie sera partout où l'homme peut naître, aimer et mourir. La diffusion du spiritisme aidera à cette transformation.

176. *Et après l'amour de l'humanité, ce sera l'amour universel?*

R. — Oui. La pensée et l'amour suivent la même loi. De même que le progrès de la pensée humaine consiste à embrasser des horizons de plus en plus vastes, et que le génie de l'homme peut être adéquat à l'univers, ainsi le cœur humain, lui aussi, doit se dilater, s'élargir indéfiniment par les accroissements de l'amour.

C'est par cette loi que l'homme se rapproche de Dieu. Nous ne sommes faits « à son image et à sa ressemblance » que par la faculté que possède notre esprit d'embrasser tout l'univers dans un seul et même élan d'amour.

177. *Ne sommes-nous pas encore bien loin de réaliser cet idéal d'amour et de bonté universels?*

R. — Collectivement, si ; individuellement, non! Il existe actuellement sur la terre des âmes arrivées à un tel degré d'évolution que leurs aspirations sont plus vastes et plus grandes que le monde où elles vivent. Leurs sacrifices, leurs exemples, leurs actes d'amour sont la plus grande force du genre humain. C'est par ces âmes sublimes que Dieu prépare les grandes transformations morales de l'avenir.

178. *Pouvons-nous espérer qu'un jour l'humanité collective atteindra cet idéal d'amour et de bonté, qui est seulement le partage de quelques âmes d'élite?*

R. — Oui, soit en ce monde, soit en d'autres. C'est la loi des mondes qu'eux aussi doivent monter dans la lumière et dans l'amour en même temps que les esprits incarnés à leur surface.

179. *Ainsi les mondes habités évoluent, eux aussi, dans l'amour universel?*

R. — Oui. De même que les soleils innombrables sont emportés, avec leurs cortèges de planètes, vers un centre irrésistible qui les attire, ainsi les âmes et les mondes gravitent autour du Soleil éternel, de l'Intelligence suprême : Dieu.

Cette ascension, cette montée de l'univers vers les sommets constitue le progrès illimité dans la lumière, le mouvement, l'activité, la joie sereine. C'est la vie éternelle dans la pleine acception de ce mot, qui résume toute la destinée des êtres, toute l'histoire des peuples, toute l'évolution universelle.

PRIÈRES ET ÉVOCATIONS

A L'USAGE DES GROUPES SPIRITES

I

O Dieu, Père de tous les êtres et de tous les mondes, nous, faibles créatures, du sein de l'immensité nous élevons vers toi nos pensées et nos cœurs, vers toi, source inépuisable, foyer sublime de vie, de lumière et d'amour.

Tu permets que nous soyons initiés à la connaissance de la vie future; tu permets que des rapports s'établissent entre nous et nos frères de l'espace, avec ceux que nous avons aimés sur terre et qui nous ont devancés dans la vie de l'esprit. Nous t'en remercions du fond du cœur.

Fais que cette intimité devienne plus étroite, cette communion, plus profonde, afin que nous puisions en elle la force morale, le courage nécessaire pour supporter dignement nos épreuves, pour vaincre nos défauts et avancer dans la voie du bien, pour pratiquer envers tous et toujours la bienveillance, l'indulgence, la bonté, la charité.

Et vous, chers guides et protecteurs invisibles (nommer les esprits directeurs du groupe), venez nous faire entendre vos conseils, vos instructions. Écartez de nous les mauvaises influences et développez dans nos médiums ces facultés précieuses qui nous permettent de recueillir vos enseignements.

II

O Dieu, notre Créateur et notre Père, nous sommes réunis ici pour honorer ton saint nom et travailler à l'accomplissement de ta volonté et de ta loi, de ta loi de progrès et de travail, qui est aussi une loi d'amour.

En ce lieu de nos études, nous voulons être recueillis comme dans un temple, chassant toutes les pensées matérielles, toutes les préoccupations égoïstes qui nous écartent de notre voie, pour ne songer qu'à élever nos âmes vers toi et sous l'influence et la direction de nos guides travailler à notre amélioration, à notre perfectionnement moral.

O Dieu, fais pénétrer en nous le sentiment de nos devoirs et de nos responsabilités, ces responsabilités que tu proportionnes aux faveurs, aux bienfaits, aux révélations dont tes enfants sont l'objet et que nous avons reçues en abondance. Envoie-nous tes Esprits de lumière, afin d'éclairer notre chemin.

III

Mon Dieu, c'est vers toi que vont nos louanges et nos prières, vers toi qui es notre Père, comme tu es le Père des soleils qui brillent sur nos têtes; vers toi qui es notre juge, notre consolateur, notre ami; vers toi par qui tout monte et s'élève, par qui enfin tout vit, prospère et grandit.

Nous savons en effet que c'est en nous rapprochant de toi que nous deviendrons meilleurs et plus heureux: car tu es la Bonté immense, la Bonté et la Justice; nous élevons vers toi nos âmes reconnaissantes, pour te demander aide, protection, afin de pénétrer plus avant dans les voies de la vérité.

IV

O Dieu, que notre prière monte vers Toi, dans le calme de la nuit! Qu'elle monte à travers les orbes des sphères, parmi les astres et les mondes qui étincellent sur nos têtes! Nous te glorifions et nous t'aimons, ô notre Père, toi dont la bonté a répandu sur nous tant de dons précieux : l'intelligence, la raison, la conscience, et la faculté d'aimer, qui est la source du bonheur, le secret de la félicité éternelle. Éclaire-nous, soutiens nos pas chancelants dans notre marche pour nous rapprocher de toi.

Nos pensées s'élèvent vers toi sur l'aile de la prière, vers toi, souverain ordonnateur de l'univers, vers toi de qui vient la vie et qui as disposé toutes choses avec sagesse, puissance et harmonie. Elles montent vers toi pour puiser force, secours et lumière.

V

O Dieu de l'univers, Dieu de l'humanité, Père de toute sagesse et de tout amour, nous t'offrons nos louanges et nos aspirations. Nos cœurs te sont ouverts, nos vies sont étalées sous ton regard. Tu connais nos pensées secrètes. Nous te louons pour la vie que tu nous as donnée, la vie matérielle et la vie spirituelle. Nous sommes par toi et nous sommes à toi. Que nos pensées montent vers toi, comme le parfum des fleurs monte vers le ciel, comme les senteurs des prairies et des bois montent dans le calme du soir, dans le silence de la nuit; que notre âme s'unisse à la tienne pour puiser force, courage, consolation!

Fais-nous entrer en communion avec les Esprits bons et élevés des sphères célestes, afin que nous parvenions à une connaissance plus haute de la vérité et de ta loi, afin qu'il se développe en nous plus de sympathie, plus d'amour pour nos semblables, pour tous les membres de la grande famille humaine. Puissions-nous, avec ton aide, nous dégager quelquefois de la vie matérielle, comprendre et sentir ce qui est la vie supérieure, la vie de l'infini !

Et que tes Esprits bienfaisants, nos guides, nos protecteurs, continuent à nous assister, à nous soutenir au milieu des épreuves et des difficultés de notre tâche, afin que tous nous sachions que si la vie terrestre offre à l'homme déception, tristesse et douleur, la vie spirituelle est lumière, triomphe, paix, amour !

VI

Nous te saluons, ô Dieu, Puissance infinie qui planes sur les mondes, qui illumines les espaces et fécondes les univers. C'est toi qui relies la Terre aux Cieux, qui relies le visible à l'invisible, les humains aux Esprits. Pensée divine, c'est de toi que procèdent toute force, tout secours, toute lumière.

Pensée divine, pensée profonde, c'est toi qui élèves, qui fortifies, qui encourages ; tu es l'appui des forts, l'espérance des affligés, la consolation des malheureux.

C'est vers toi que se portent les regards des multitudes qui s'agitent dans le champ des existences. C'est vers toi que s'élèvent le balbutiement de l'enfant à son réveil, le soupir de la vierge, la plainte de ceux qui souffrent, le cri d'appel du désespéré.

Pensée de Dieu, descends parmi nous, viens attendrir nos cœurs, éclairer nos intelligences, et avec toi, que les enseignements de nos guides nous conduisent vers la sagesse et la vérité. Nous nous confions à leur sollicitude.

VII

Nous, atomes vivants, perdus dans l'infini de l'espace et du temps, nous élevons nos pensées vers toi, source de vie, d'amour, de lumière, puissance éternelle qui as tout engendré, tout créé, tout disposé avec sagesse et génie. C'est ton souffle divin qui nous a fait sortir du néant. A tous tu nous as promis le bonheur de te connaître, de nous élever jusqu'à toi, le bonheur d'entrer dans la famille divine après d'innombrables étapes terrestres ; car tous nous sommes tes enfants. Il n'y aura pas de déshérités, pas de rejetés ; les coupables apprendront à t'aimer, tous sauront trouver dans tes lois équitables les moyens de se relever, de se réhabiliter.

Donne-nous la force de volonté qui ne fait redouter ni les épreuves ni les grande sacrifices, ni même la mort, quand il s'agit du progrès humain, de la guérison des misères sociales et des misères morales, afin d'amener sur la terre le règne de ta volonté et de ta justice.

Que tous les êtres, que tous les mondes unissent leurs accents pour te glorifier, t'adorer, te bénir, ô notre Père des cieux étoilés! Que toutes les voix s'élèvent de cercle en cercle, de sphère en sphère, vers ta puissance infinie et divine.

VIII

Principe éternel de lumière et de vie, Dieu créateur, Père universel, nous élevons vers toi nos pensées soumises et recueillies.

Donne-nous les moyens de faire pénétrer au fond des âmes le sentiment de la grandeur, de la beauté, de la puissance de cette révélation que tu dispenses par la voix de tes bons Esprits, afin d'en nourrir les intelligences et les cœurs, d'en utiliser les préceptes, en vue de l'amélioration et du progrès de tous.

Gloire à ces grandes âmes qui ont passé sur la terre en diffusant la lumière de vérité ! Gloire aux nobles martyrs de tous les temps ! Que leurs exemples héroïques nous enflamment pour le bien et nous apprennent à les imiter !

Et vous enfin, nos guides bien-aimés, plus rapprochés de nous, nos protecteurs de l'espace, venez à notre appel et continuez à diriger nos pas dans les voies de la connaissance.

IX

Nous t'invoquons, ô Puissance créatrice, Puissance souveraine qui gouvernes les êtres et les mondes. Que ton souffle passe sur nos fronts, qu'il fortifie la foi des croyants, qu'il dissipe les doutes, les incertitudes de ceux qui cherchent la vérité.

Fais-nous connaître tes lois sublimes, les lois de nos destinées, le secret de cet avenir que tu réserves à toutes les âmes vaillantes, à tous ceux qui ont su comprimer la matière, dominer ses attractions, vaincre les passions, les appétits inférieurs.

Apprend-nous à te servir, à coopérer à ton œuvre, à faire apprécier autour de nous l'esprit de justice, la beauté morale, la bonté qui procèdent de toi. Envoie-nous tes Esprits de lumière, afin qu'ils nous guident dans les voies de la vérité, afin qu'ils fécondent nos intelligences, qu'ils réchauffent nos cœurs et développent en nous ces qualités, ces puissances cachées qui dorment en tout être vivant. Ainsi nous nous élèverons de degré en degré jusqu'à ces hauteurs où planent les âmes radieuses, les messagers de ta volonté.

X. — Pour la France pendant la guerre.

Dieu puissant, écoute les cris d'appel, les cris de détresse qui s'élèvent de tous les points de la terre de France, cette terre arrosée de tant de sang et de larmes ; écoute la prière des soldats dans la tranchée, la prière des mères dont les fils ont été fauchés par la mitraille, la prière des veuves et des orphelins, la prière de ceux qui, de même que nous, te demandent de sauver notre pauvre patrie de la chute, de la ruine, de la destruction.

Donne à nos défenseurs l'énergie, la force d'âme, la persévérance dans l'effort, tous les moyens nécessaires pour repousser hors des frontières ces ennemis cruels qui ne reculent pas devant les moyens les plus odieux pour nous écraser, nous asservir. Ils ont osé inscrire sur leurs étendards cette devise : *Got mit Undt* (Dieu avec nous). Permettras-tu, Seigneur, que ton nom auguste et sacré soit associé à l'œuvre de ces hommes qui se sont couverts de crimes et de mensonges et qui considèrent comme règles courantes de guerre le viol des vierges, la mutilation des enfants, le pillage et l'incendie des cités, la destruction des temples et des cathédrales ? Laisseras-tu impuni l'anéantissement de ce sanctuaire de Reims où s'est accomplie une des plus grandes scènes de l'histoire, où Jeanne, ta fille sublime, assista à la consécration de la mission glorieuse que tu lui avais confiée ?

Non, Seigneur, tu ne permettras pas le triomphe de nos ennemis ; car autrement, la justice, la liberté, la vérité, la bonté, tous ces principes éternels qui relèvent de toi se voileraient pour longtemps, et la conscience de l'humanité en serait profondément troublée.

Mais non, Seigneur, tu abaisseras sur cette terre de désolation un regard de pitié, tu exauceras la prière de tous ceux qui, à l'heure présente, implorent ton secours et te crient : Sauve la France de Jeanne d'Arc, de saint Louis, de Charlemagne !

PRIÈRES ET ALLOCUTIONS

XI. — Pour un mariage.

Bénis cette union, Seigneur ; rends-la heureuse et féconde et que d'elle sorte une lignée d'êtres qui soient à notre époque pervertie et troublée autant d'exemples de sagesse et de vertu.

L'amour est un rayon divin qui enveloppe tous les êtres. Partout où il pénètre, il illumine la vie et trace aux âmes le chemin des célestes demeures.

L'amour conjugal est un reflet d'En-Haut, car de lui sort la famille, base de toute société, pivot de toute civilisation. En effet, sans la famille l'homme n'aurait pu sortir de l'état barbare. C'est pour abriter sa femme et ses enfants qu'il a construit des huttes, des tentes, enfin des villes. C'est pour les défendre qu'il a créé la cité, et de la cité est sortie l'idée de la patrie, puis la notion d'humanité. C'est pour assurer leur bien-être qu'il a dompté la matière et conquis le monde. La famille humaine n'est par elle-même qu'un diminutif de la famille spirituelle, qui est plus large et plus nombreuse et dont tous les membres se suivent ou s'assistent alternativement à travers leurs existences : les uns s'incarnant sur la terre pour affronter les luttes et les épreuves de la vie, pour perpétuer l'espèce, les autres restant dans l'espace pour protéger et soutenir les premiers. C'est pour rendre l'union humaine plus étroite et plus profonde que Dieu a créé l'homme et la femme. L'Esprit qui les anime est de même nature, mais la forme est différente; à l'homme sont dévolues la force, les vastes pensées qui l'aident à aplanir la voie ; à la femme, les douces vertus qui font le charme du foyer.

Aujourd'hui, vous allez vous unir devant Dieu ; cette union est sacrée et vous devez l'accomplir avec un cœur pur et recueilli. Par ce grand acte vous assurez l'avenir, en attirant des âmes déjà connues et qui veulent recommencer, avec votre aide, le pèlerinage terrestre. A ces âmes redevenues enfants vous devez la douce protection familiale, le foyer digne et respecté. Dieu veut que vous soyez unis par le cœur et par l'esprit, afin de ne plus faire qu'une seule et même pensée. Mettez en commun vos peines et vos joies, vos rires et vos larmes ; appuyez-vous l'un sur l'autre pour parcourir le chemin difficile de l'existence. Votre confiance, votre tendresse mutuelles vous consoleront des épreuves et des soucis. L'homme ne doit cacher aucun repli de son âme à sa compagne, ni celle-ci à son mari. Il faut donc que le mariage soit l'acte le plus grave de votre vie. Que Dieu vous protège et vous soutienne, afin de maintenir votre foyer pur et saint.

XII. — Pour une naissance.

Mon Dieu, tu as envoyé parmi nous cet esprit, pour qu'il accomplisse dans une existence nouvelle ta loi de travail et de progrès.

Il vient s'incarner sur la terre pour y développer ses facultés et ses qualités morales, afin de s'élever plus haut dans la hiérarchie des âmes et se rapprocher de toi, car c'est le but de la vie, de toutes les vies.

Tu as permis, ô Dieu, qu'il choisisse cette famille pour y retrouver la forme, le corps matériel, l'instrument nécessaire à la réalisation de ce but. Fais qu'il devienne pour ses ascendants un sujet constant de joie, de satisfaction morale et plus tard un soutien, un appui. Donne à ses parents le sentiment de leurs devoirs et de leurs responsabilités envers cet enfant, dont ils doivent être les protecteurs, les éducateurs.

Dans ta justice et ta bonté, tu veux que

chaque esprit soit l'artisan de son propre bonheur, qu'il façonne de ses propres mains sa couronne de lumière et tu lui as donné pour cela toutes les ressources : l'intelligence, la conscience, et avec elles les forces latentes que sa tâche consiste à mettre en action pour son propre bien et celui de ses semblables. Tu veux, mon Dieu, que dans les étapes inférieures de son évolution, l'esprit subisse la loi de nécessité, c'est-à-dire les besoins et les difficultés de la vie matérielle : ce sont autant de stimulants pour son initiative et son énergie, autant de moyens pour former son caractère et son jugement, afin que par le labeur, l'étude et l'épreuve, il sorte de chaque vie plus grand et meilleur qu'il y est entré.

Par l'incarnation tu réunis la forme à l'idée, pour que l'idée spiritualise la forme et que l'être humain participe, par ses efforts, au progrès et à l'harmonie universels.

O Dieu, nous te remercions de ta bonté, qui envoie vers nous cet esprit ! Que son guide céleste le protège, que notre sollicitude l'enveloppe. Ses frères le reçoivent avec affection et tendresse ; ils s'engagent à applanir sa route, afin qu'il suive toujours la voie de justice et d'amour, qui conduit vers cette vie supérieure que tu réserves à ceux qui ont lutté, peiné et souffert !

XIII. — Pour des funérailles. Levée du corps.

Votre frère a quitté cette terre d'exil, ce monde de souffrances et de larmes, pour rentrer dans la vraie patrie, qui est la vie spirituelle.

O Dieu, Père de toutes les âmes, reçois-le dans ta lumière et que ses bonnes actions compensent et rachètent les erreurs et les fautes qu'il a pu commettre. Non, la mort n'est pas le néant. La mort est la libération suprême. Elle arrache l'esprit à sa prison de chair pour le rendre à la vie libre de l'espace. L'esprit se trouve en face de tout son passé : succès et revers, fautes et regrets, enthousiasmes et désillusions, joies fugitives et douleurs tenaces, tout se déroule devant lui comme en un tableau vivant.

Et dans ce spectacle, dans le jugement qu'il impose à sa conscience, il puise son châtiment ou sa récompense, ses remords ou sa félicité. L'expérience qu'il fait de sa puissance de radiation et de perception, l'aspect éclatant ou terne de son enveloppe fluidique, la comparaison qui en résulte avec la situation des autres esprits, lui donnent la juste mesure du chemin parcouru et des progrès réalisés.

Et plus tard, après un examen attentif, avec une connaissance approfondie de lui-même, il verra s'ouvrir la perspective, éloignée mais certaine, des renaissances terrestres, des retours dans la chair, soit pour racheter, soit pour progresser plus encore, selon son degré d'avancement.

Mais, quel que soit son état, ce qui réjouit et console l'Esprit au départ de la terre, c'est de retrouver tous ceux qu'il a aimés, tous ceux qu'il a perdus sur la route de la vie, de les voir groupés pour le recevoir et fêter sa rentrée dans la céleste patrie. C'est pourquoi nous te prions, ô Dieu, père de toutes les âmes, de permettre que les esprits amis du défunt, tous les membres de sa famille spirituelle se réunissent pour l'accueillir au sein des espaces.

Que nos pensées aillent vers lui pour dominer le trouble et l'obscurité dont il peut encore souffrir. Que nos fluides le pénètrent et l'aident à se détacher des derniers liens matériels et à prendre son essor vers l'infini !

XIV. — Sur la tombe d'un spirite.

Du bord de cette fosse, avant de rendre à la terre la dépouille de notre frère, avant de rendre la poussière à la poussière, nous saluons l'Esprit à sa rentrée dans le monde invisible.

Aujourd'hui, affranchi de l'esclavage de la matière, il va rejoindre ceux de ses bien-aimés qui l'ont devancé dans la vie supérieure, il va recueillir dans la paix sereine des espaces les fruits d'une existence de labeurs et d'épreuves.

Dieu puissant, sois-lui miséricordieux. Ouvre-lui tes vastes horizons lumineux; permets qu'il jouisse des splendeurs et des harmonies de ton œuvre infinie.

Fais, Seigneur, que dans ce spectacle grandiose, dans l'étude qu'il va faire de l'Univers, il puise avec une compréhension plus large de ta loi, un désir ardent de travailler à son évolution et à celle de ses semblables.

Sachez-le, vous tous qui m'écoutez, elles sont menteuses, ces inscriptions dont nous sommes entourés et qui disent: « Ici gît un tel; ici repose tel autre. » Il n'y a plus sous le sol que les débris de vêtements usés.

La vie libre de l'Esprit dans l'espace est une vie d'activité et d'utile labeur; suivant ses capacités et son degré d'avancement, l'Esprit reçoit des missions qui contribuent à l'élever plus haut sur l'échelle infinie: missions de protection envers ceux qu'il a laissés sur la terre, en attendant qu'ils aillent le rejoindre dans l'Au-delà (parler ici de la veuve, des enfants, s'il y a lieu), missions d'enseignement et d'éducation au profit des Esprits inférieurs; missions d'inspiration et d'assistance envers les humains qui poursuivent une noble tâche ou qui subissent le poids de cruelles épreuves.

La vie de l'esprit n'est pas une béate contemplation, mais une action constante en vue de son élévation et de celle de tous.

Rappelons ici ce que fut la vie de notre frère, c'est-à-dire une vie de labeur et d'abnégation (énumérer les qualités du défunt). Une force l'a toujours assisté au milieu de ses épreuves : c'est sa foi profonde en la vie future, sa croyance au monde invisible, à la justice éternelle, sa croyance aux vies renaissantes par lesquelles l'être s'élève de degré en degré sur l'échelle des mondes. En un mot, c'est le spiritisme qui l'a soutenu et consolé, fortifié dans ses luttes et dans ses maux.

Cette grande doctrine est à la fois ancienne et nouvelle, parce que la vérité est de tous les temps. Après avoir été oubliée, elle se réveille aujourd'hui ; elle se répand avec une puissance et une rapidité merveilleuses, elle rallie à elle l'élite des penseurs et des savants du monde entier. Elle nous apporte des précisions, des certitudes sur notre véritable nature, sur notre avenir d'outre-tombe, sur nos destinées immortelles.

Remarquez-le, cette doctrine s'appuie sur un ensemble imposant de faits, de preuves expérimentales, qui constituent une science vaste et profonde.

La preuve est faite désormais que la mort n'est qu'une apparence. Ceux que nous croyons perdus revivent d'une vie plus haute et sont souvent près de nous. Des rapports sont établis entre les vivants et les défunts et bientôt ils se sentiront unis dans une œuvre commune de solidarité et de progrès.

Et cette science, cette doctrine se manifeste à une époque où les épreuves se multiplient, où l'existence devient plus âpre, plus difficile, où des conflits surgissent à chaque instant entre les races, entre les peuples, entre les classes sociales. Les leçons de la guerre, pourtant si éclatantes, ne nous ont pas profité et une vague de haine, d'ardentes convoitises, d'immoralité passe sur le monde ; de nouveaux malheurs nous menacent.

C'est à cette heure que la voix des Esprits s'élève pour nous rappeler qu'il y a au-dessus de nous des lois éternelles qu'on ne viole pas impunément et dont l'application peut seule ramener parmi nous la paix, la sécurité, l'harmonie sociale.

Cette voix vient réveiller dans les consciences troublées la notion des devoirs et des responsabilités, rappeler à tous que le bien comme le mal retombent sur leurs auteurs et que l'âme moissonne infailliblement, dans ses vies successives, tout ce qu'elle a semé.

Cette voix, X (le défunt), l'avait entendue ; ces enseignements, il les avait compris. Aussi, toute sa vie fut bonne et exemplaire.

Et c'est pourquoi nous, qui partageons ses croyances, nous qui avons foi en la survivance et en l'immortalité, nous venons sur cette fosse dire à l'Esprit invisible, mais non absent, non pas cet adieu final qu'on entend trop souvent retentir sur les tombes, mais un cordial au-revoir ; au revoir dans cette vie nouvelle qui s'ouvre devant lui, dans cette vie supérieure où nous nous retrouverons tous !

XV. — Pour la fête des morts. (1er-2 novembre.)

Nous avons à remplir en ce jour un devoir sacré : honorer la mémoire de nos morts bien-aimés, ceux que nous avons connus sur terre et qui nous ont précédés dans la vie de l'espace. Élevons aussi notre pensée vers les âmes souffrantes, vers les humbles et les ignorés, vers les pauvres esprits abandonnés, oubliés de tous, qui sont plongés dans le trouble et dans l'ombre, vers ceux qui errent sans amis, sans appui dans l'immensité sans bornes, vers les criminels et les suicidés, qui sont, comme nous, des enfants de Dieu.

Puisse notre voix arriver jusqu'à eux et leur apprendre qu'ils ne sont pas seuls dans le vaste univers, qu'il est sur terre des êtres qui sympathisent à leurs maux, qui veulent leur bien, leur soulagement. Que notre pensée, comme un fluide bienfaisant, les pénètre, les console, les encourage, leur donne la force de réparer leurs fautes, de travailler à leur amélioration, à leur élévation morale. Que Dieu, dans son infinie bonté, les éclaire et leur fasse miséricorde !

La fête des Morts, c'est la fête des Esprits et aussi, par excellence, celle de la solidarité universelle. En effet, Esprits incarnés sur terre, poursuivant au sein de la matière la tâche à tous imposée, ou bien Esprits délivrés des liens charnels et planant dans l'espace, nous ne formons tous qu'une seule et même famille, l'immense famille des âmes, issues de Dieu et destinées à s'unir en lui.

Par la grande loi de la réincarnation, les deux mondes se rapprochent et se mêlent sans cesse. Demain, nous serons parmi ceux que nous nommons les morts et qui sont plus vivants que nous. Et quant à eux, reprenant un nouveau corps, une nouvelle vie, ils reviendront parmi cette humanité à laquelle ils ont déjà appartenu, afin de poursuivre dans ses rangs l'accomplissement de la divine loi du travail et du progrès.

N'oublions pas qu'un lien de reconnaissance et d'amour nous unit aux Esprits des morts. N'est-ce pas à eux, à leurs efforts, que nous devons cette glorieuse marche en avant, cette ascension de l'humanité vers la lumière ? N'est-ce pas au prix de leurs luttes, de leurs souffrances, trop souvent de leur martyre, que se sont édifiés, à travers les siècles, ces biens intellectuels, cette civilisation dont nous jouissons aujourd'hui ? Il n'est pas une seule découverte, pas une idée grande et généreuse, pas une seule liberté que nous ne devions à ceux qui sont passés avant nous sur terre, et qui composent à l'heure présente le monde spirituel. C'est d'eux que nous vient cet héritage sacré, ces trésors de la pensée et du cœur que nous avons le devoir d'agrandir, d'augmenter, de transmettre aux générations d'âmes qui viendront après nous, assurer la marche des peuples vers l'éternel idéal de perfection.

Le spiritisme est l'affirmation de cette puissante solidarité, c'est lui qui nous montre cette chaîne infinie se déroulant à travers le passé et l'avenir, en avant de notre naissance, au delà de notre mort, et nous reliant à tous les êtres qui peuplent l'immensité. Affirmons à la face du monde cette sainte communion des vivants et des morts, par laquelle incarnés et désincarnés, à travers leurs vies renaissantes, travaillent les uns pour les autres et préparent les destinées de l'humanité future. Nous nous trouvons en présence d'une révélation nouvelle, d'une grande vérité qui rayonne sur le monde, illumine nos horizons et fixe notre but. Avec elle, plus de néant, des perspectives sans limites se déroulent à nos regards, un champ sans bornes s'ouvre à notre activité. Le prodigieux enchaînement des principes et des êtres se révèle. Il nous montre dans un renouvellement éternel la vie succédant à la mort, la mort couronnant la vie. Et loin de nous effrayer de ces changements, nous savons maintenant que ce sont là les alternances nécessaires, les phases successives de la durée de notre être indissoluble, de cette âme qui, gravissant de vie en vie avec ses sœurs les degrés de l'échelle suprême, s'accroîtra sans cesse en puissance, en sagesse, en vertu.

Et nous devons le constater avec un profond sentiment de gratitude, de tous les biens que nous devons aux morts, voilà le plus précieux, celui dont nous seuls, spirites, jouissons en ce monde! Cette révélation de nos destinées, cette connaissance des lois divines, lois de justice et d'amour qui régissent l'univers, c'est encore aux Esprits que nous la devons. C'est d'eux que nous tenons cette lumière qui dissipe toute incertitude et nous montre à la place de l'incohérence, du chaos, la sainte harmonie des êtres et des choses.

Oui, c'est aux morts que nous devons cet enseignement sublime qui console dans les épreuves, qui donne la force de supporter les maux dont toute la vie est pleine.

Une action réciproque, incessante, s'opère

entre les morts et nous. Les Esprits nous inspirent, nous guident, nous protègent. Ceux que nous avons aimés sur terre et que nous croyions perdus sont souvent à nos côtés; s'ils vivent de notre vie, sourient de nos joies, s'attristent de nos faiblesses et de nos chutes, ils combattent et souffrent moralement avec nous.

Oh! que cette pensée nous encourage tous! Que le désir de les revoir, de vivre avec eux dans la paix, dans la félicité, soutienne nos pas, facilite nos progrès et nous rende meilleurs! La certitude qu'ils sont témoins de nos actes, qu'ils connaissent nos désirs, nos aspirations, doit nous faire éviter tout ce qui pourrait les affliger et nous faire rougir en leur présence. La conviction qu'ils participent à notre vie sera pour nous comme une source d'où découleront les résolutions salutaires, la volonté énergique de faire mieux et, par là, de les rendre heureux et fiers de nous.

Travaillons donc à rendre plus étroite et plus vivante cette grande loi de solidarité dans la vie et dans la mort.

Enseignons-la à tous, car elle contribuera à rétablir la fraternité parmi les hommes.

Honorons nos morts bien-aimés. Vénérons ces Esprits glorieux à qui nous devons les conquêtes de la science, de la vérité, tous ceux qui aux sombres époques de l'histoire ont préparé, dans la souffrance et dans les larmes, les biens dont nous profitons aujourd'hui. Honorons les penseurs, les lutteurs austères qui sont tombés en combattant pour la cause du bien, tous les apôtres de la lumière, tous les nobles Esprits qui planent dans les régions heureuses, qui guident les peuples dans leur marche en avant, et tous ceux qui, au cours de la dernière guerre, ont offert leur vie en holocauste pour nous conserver une patrie grande, libre et respectée.

Honneur donc à vous, martyrs illustres ou obscurs, à vous tous qui avez consacré vos veilles, votre santé, votre existence à la défense des grandes vérités dont le monde est régi ; à vous tous qui pour le bien des races humaines avez été persécutés, torturés, qui êtes morts dans les cachots et sur les gibets. Honneur à vous aussi, Esprits simples et bons, dont l'existence a été toute de sacrifices, de dévouement à vos semblables. Frères aînés, qui avez avant nous creusé le sillon du progrès et nous servez d'exemple, venez à nous en ce jour que nous consacrons à votre mémoire, venez réchauffer nos âmes, faire régner parmi nous la paix du cœur, la charité, la sainte fraternité. Inspirez-nous la sagesse et l'amour du bien. Guidez nos pas dans les sentiers de la lumière, de l'Éternelle Vie.

TABLE DES MATIÈRES

4739. — Tours, Imprimerie E. Arrault et Cie.

www.ingramcontent.com/pod-product-compliance
Ingram Content Group UK Ltd.
Pitfield, Milton Keynes, MK11 3LW, UK
UKHW021601260726
13993UKWH00002B/971